In-Class Flip

A Student-Centered Approach to Differentiated Learning

翻转课堂与差异化教学

以学生为中心的课内翻转教学法

[哥伦比亚] 玛莎 · A. 拉米雷斯 Martha A. Ramirez
卡罗莱娜 · R. 布伊特拉戈 Carolina R. Buitrago 著

中国青年出版社

图书在版编目（CIP）数据

翻转课堂与差异化教学：以学生为中心的课内翻转教学法 /（哥伦）玛莎·A.拉米雷斯，（哥伦）卡罗莱娜·R.布伊特拉戈著；李伊铭译.
—北京：中国青年出版社，2023.12
书名原文：In–Class Flip: A Student–Centered Approach to Differentiated Learning
ISBN 978-7-5153-7059-0

Ⅰ. ①翻… Ⅱ. ①玛… ②卡… ③李… Ⅲ. ①课堂教学 – 教学研究 Ⅳ. ①G424.21

中国国家版本馆CIP数据核字（2023）第195990号

翻转课堂与差异化教学：
以学生为中心的课内翻转教学法

作　　者：［哥伦比亚］玛莎 · A. 拉米雷斯　卡罗莱娜 · R. 布伊特拉戈
译　　者：李伊铭
责任编辑：肖　佳
文字编辑：步欣旻
美术编辑：佟雪莹
出　　版：中国青年出版社
发　　行：北京中青文文化传媒有限公司
电　　话：010-65511272 / 65516873
公司网址：www.cyb.com.cn
购书网址：zqwts.tmall.com
印　　刷：大厂回族自治县益利印刷有限公司
版　　次：2023年12月第1版
印　　次：2023年12月第1次印刷
开　　本：787mm × 1092mm　1/16
字　　数：153千字
印　　张：13.5
京权图字：01-2022-6118
书　　号：ISBN 978-7-5153-7059-0
定　　价：49.00元

献　词

我要将这本书献给我的爷爷雨果·拉米雷斯（Hugo Ramirez），

他教会了我许多东西。

——玛莎

致伊万（Iván）、露西安娜（Luciana）和雅各布（Jacobo）：

你们是我生活的不竭动力；

有了你们的支持，我才能做我自己；感谢你们教会我认识自己，

让我能够向世界发出自己的声音。

致我的祖母阿吉利亚·萨布加尔（Argelia Sabogal）：

谢谢你教会我勇敢摘星。

——卡罗莱娜

关于国际教育技术协会（ISTE）

国际教育技术协会是充满激情的全球教育工作者的家园。教育工作者们相信，技术的力量能改变教学与学习，加速创新，并解决教育中棘手的问题。

国际教育技术协会通过提供实践指导、循证专业学习、虚拟网络、有启发意义的活动，以及国际教育技术协会标准，来鼓励创新、增强联系，为学习者提供更多的学习机会。此外，国际教育技术协会专注于教育技术，在此类图书的出版方面颇有建树。

作者简介

玛莎 · A. 拉米雷斯（Martha A. Ramírez）

安第斯大学语言和文化系的一名英语教师，拥有国立德拉孔曼诺夫师范大学外语学士学位和安第斯大学教育学硕士学位，是全球翻转课堂认证（Flipped Learning Global Initiative，FLGI）的特级教师，也是翻转学习二级课程、FLGI差异化认证课程的专家之一。玛莎曾任线上电子村（Electronic Village Online，EVO；TESOL倡议）的志愿协调员达4年之久。自2016年以来，她一直担任翻转学习EVO会议的线上主持人。她曾多次参与国内和国际翻转学习项目，其中包括安第斯大学项目、哥伦比亚外事大学项目、厄瓜多尔天主教大学项目和俄勒冈大学项目。目前，作为安第斯大学双语和多语言研究小组成员，玛莎正致力于研究成长型思维，并将翻转学习作为其研究项目的一部分。

卡罗莱娜 · R. 布伊特拉戈（Carolina R. Buitrago）

曾做过20多年的非母语英语教学（EFL）培训教师，目前在科伦坡美国大学学院担任全职教授和研究员。她是FLGI的特级教师，位列FLGI 50

强（全球高等教育领域的50位翻转学习领军人物）之一。她也是参与修订和评估《翻转学习全球标准》（*Global Standards for Flipped Learning*）的49名国际代表之一。此外，卡罗莱娜参与领导了“翻转英语学习——通过技术和自主性丰富21世纪哥伦比亚学生的学习成果”项目，该项目在2015年拉丁美洲BETT领导力峰会上获得了BETT高等教育与技术奖。她领导的团队负责规划、交付2019年的拉丁美洲翻转科技项目。自2021年起，卡罗莱娜一直是翻转学习网络（Flipped Learning Network）的董事会成员。

致谢

本书的写作历程就像一次公路旅行般乐趣无穷，其中有意想不到的转弯，有平坦宽敞的大道，也有凹凸不平的、颠簸的弯路。在这个过程中，我们学到的远比我们所能分享的内容多。首先，我们要感谢乔恩·伯格曼（Jon Bergmann）认可我们工作的价值，并邀请我们将其与世界分享；我们还要感谢珍妮特·史密斯（Jeannette Smith），她渊博的知识为本书的编辑作出了巨大贡献；我们特别要感谢所有了不起的教育工作者们，他们分享自己的见解，帮助我们探索如何将翻转课堂应用于世界各地不同背景的教育实践中，他们是：黄国祯博士（Dr. Gwo-Jen Hwang）、希思·奇滕登（Heath Chittenden）、凯特·贝克（Kate Baker）、亚历克莎·芬克（Alexa Finck）、保拉·卡多纳（Paola Cardona）、杰夫·马戈托（Jeff Magoto）、兰迪·布朗（Randy Brown）、凯蒂·拉尼尔（Katie Lanier）、安东尼奥·伯纳乌·帕卢斯（Antonio Bernabéu Pellús）、史蒂夫·格里菲斯（Steve Griffiths）、卡拉·约翰逊·艾伦（Cara Johnson Allen）、瑞贝卡·瑟奎（Rebeka Cerqua）、凯尔·尼米斯（Kyle Niemis）、杰克·哈贝格（Jake Habegger）、杰里米·卡明（Jeremy Cumming）、苏珊·怀特（Susan

White）、丹尼尔 · 拉姆斯登（Daniel Lumsden）。

非常感谢我们的翻转学习大家庭，感谢你们无条件的支持、提出的意见和不断的反馈；感谢我们的同僚，同时也是我们的挚友的朱莉安娜 · 迪亚兹（Juliana Diaz）和戴安娜 · 萨拉查（Diana Salazar），感谢她们在我们灵感匮乏时与我们一起头脑风暴；还要感谢卡米拉 · 贝拉斯科（Camila Velasco），正因为有了她的支持与帮助，本书才得以问世，她的奉献精神、组织能力和辛勤工作帮助我们一步一步朝终点迈进。

感谢平面设计师大卫 · 贝尔特兰（David Beltrán），他了解我们的想法，并将我们的工作成果完美呈现；感谢玛丽亚 · 拉米雷斯（Maria Ramirez）和里卡多 · 拉米雷斯（Ricardo Ramirez）带来的灵感和适时的鼓励；还要感谢我们早期的读者卡洛 · 格拉纳多斯（Carlo Granados）和罗宾 · 布林克斯 · 洛克伍德（Robyn Brinks-Lockwood）提供的非常有价值的反馈；感谢所有激励我们前进的人；也感谢你，我们的读者，感谢你的信任与支持，希望你能喜欢这本书。

目 录

序言

一位中东出版商在与我们的最近一次对话中分享道，他发现翻转学习日益成为人们讨论的焦点。他推测，新冠肺炎疫情迫使教育工作者评估自己的教学方式和教学内容。此外，他还表示，他所在的地区很少有教师愿意回归疫情前的教学方式。

这一点我也有所察觉。受新冠肺炎疫情影响，在全球范围内，人们对翻转学习的兴趣大大提高。尽管翻转学习解决了远程教学的诸多问题，但这场疫情也让我们看到了教育体制中存在的诸多系统性问题。新冠肺炎疫情似乎放大了已有的缺陷，让我们明白目前需要更好的、更科学的教育方式。教师们逐渐意识到，一旦回归更“常规化”的学校，情况将会有所不同。最愿意转向远程、线上学习的教师是那些在课堂上实施翻转学习的教师。一位教师在推特上总结道，采用翻转学习的教师在过去的10年里一直都在为疫情这样的突发状况做准备。

这其中就包括本书的作者玛莎·A.拉米雷斯和卡罗莱娜·R.布伊特拉戈。2016年前后，我第一次在推特上认识她们，当时玛莎发表了一篇关于课内翻转的文章，我仔细阅读后，几乎在自己之后所有的演讲中都引用了她提供的材料。针对部分教师和学校之间的沟通不当、学生疲于功课、学校强制布置作业等一系列值得特别关注的棘手问题，二位作者对翻转学习提出了独到的见解，为许多教师和学校提供了解决方案。

我首先和玛莎取得了联系，很快她又把本书的另一位作者卡罗莱娜介绍给我。从那时起，我们3人在各种项目上开展了一系列合作。一提到课内翻转，我一定会先向她们二位寻求帮助。事实上，我们就如何定义她们所从事的工作展开了讨论。我在Zoom[①]上多次与她们进行会话，利用她们的工作成果帮助世界各地的教师用翻转学习改变其教学方式。

我曾受邀在一次哥伦比亚的会议上担任主讲人，会议结束后还有一个研讨会，玛莎也参加了这次会议。研讨会上，我注意到玛莎的见解才是真正的亮点所在，于是我选择让玛莎来分享她的观点。参会教师们被她极为实用的教学方法深深吸引，我知道他们从玛莎那里学到的比从我身上学到的多得多。玛莎了解哥伦比亚的教育状况，理解在场教师们在教学上的困难与挣扎。当你拿起这本书时，你会明白我在与玛莎、卡罗莱娜的合作中的一点发现——她们了解教师所遇到的困难，知道如何帮助教师应对“差异化”这一课堂上的巨大挑战。我们都在尽力与不同学习能力和学习背景的学生打交道。她们不仅理解这一点，还知道如何帮你解决这个问题。

尽管我曾多次提到课内翻转，但直到最近我才将其投入实践。重回课堂，我发现我的翻转精熟课程必须加入课内翻转的元素。两位作者的研究——尤其是本书中所提及的元素，让我在教师之路上更为得心应手。

本书以非常实用的术语对我上面提到的元素以及很多其他元素进行了阐述。这不仅仅是一本好书，更是一本指导教师改善课堂、真正实现差异化教学的指南。如果你正在寻找一本读了就能用到教学中的书，那么本书

① Zoom 是一款多人云视频会议软件。——编者注

是你的不二之选。本书介绍的方法用起来并不轻松，但本书也解释了为什么你应该考虑采用这一惊人的教学方法。两位作者对教与学的热情跃然纸上，你可要好好享受阅读本书的过程。

——乔恩·伯格曼

教师，翻转学习先驱，
畅销书《翻转课堂与慕课教学》（*Flip Your Classroom*）作者

前 言

我们探索课内翻转模型的路径

在经过15年的教学，并在教学实践中认识到持续成长的重要性之后，机缘巧合下，我们通过互联网了解到“课内翻转”这一概念。多年来我们一直致力于创新教学方法、提高教学质量，而现在我们终于找到了答案！Youtube上的一段视频介绍了这一新的教学模式——课内翻转。

玛莎当时是一所双语学校的语言系主任，而我在为某线上硕士项目授课。我们都清晰地记得接触到“课内翻转”概念的那一刻。当时，我一边抱着刚出生的孩子，一边在手机上浏览信息；玛莎正在参加一个线上的翻转学习会议（我是这场会议的主持人）。会议上，另一位主持人凯文·科尔曼（Kevin Coleman）分享了詹妮弗·冈萨雷斯（Jennifer Gonzalez）所撰写的博客文章《教育学崇拜》（Cult of Pedagogy）的链接，这篇文章向我们分享了翻转课堂的另一方式。

推特是如何改变我们的生活的

我们都强烈认可与其他教育工作者分享和合作的重要性。我们可以通过这种方式接触不同观点，从而改进教学实践。基于此种目的，我们都注册了推特账户，开始在推特上发布博文。网络上逐渐形成了一个致力于完善教学方式的线上教师社群，而发帖也逐渐成为一种反思、分享个人教学经验的方式——我们在网络上分享教学中的成功与失败经历及个人反思。推特给我们提供了发声的平台，并帮助我们找到一个理解和支持我们教育观点的教育者“部落”。于是，我们开始积极地发帖，上传与课堂相关的帖子、视频和图片，分享基于翻转学习的教学理念。我们不知道的是，其中一篇帖子成了乔恩·伯格曼的素材。我们曾就写书一事展开讨论，而推特正逐渐让这一想法成为现实。

教师从本书中能学到什么

我们希望本书能鼓励你探索教学领域的新想法和新策略，使用我们建议的方法在课内翻转中设计和教学。作为课内翻转爱好者，我们测试了许多可能的场景，但并非每次都能取得成功。

为避免其他教师重复我们所犯过的错误，在本书中我们设立了一系列课程：

- 我们为“课内翻转”提供了一个定义。
- 我们确定了工作站工作的整体思路。
- 针对不想在课堂上使用此类工作站的教师，我们还提供了不同形式的工作站和其他选择。
- 我们为课程规划提供了建议。

你和你的学生们无疑将从我们提供的信息中获益良多。在推进翻转学习的过程中，我们将分享其他国家的教育工作者当下的工作动向。我们还会证明翻转学习不是静态的，并探索它是如何通过研究、课堂创新和技术不断改进的。本书的贡献与课堂创新和未来研究息息相关。书中提及的成果还启发了哥伦比亚的教师们对课堂翻转策略展开正式的研究。

希望本书能改进你的教学方法，就像课内翻转已经改变我们的教学一样。读完这本书后，你的课堂定会大有不同，你将能在课堂上发现自己和学生的潜力。我们邀请你将翻转学习提升到一个全新的高度。

如何充分利用本书

本书的作者是两位热爱教学的教师，她们一直想要和那些致力于规划以学生为中心的课程、希望在课堂上做出积极改变的教育工作者们合作。书中各章节各有分工，以便你能够对课内翻转有整体的认识，了解如何将这种教学法应用于课堂。

以下是各章节的具体内容：

- 第1章给出了课内翻转的定义，并对翻转学习、课内翻转和混合式学习做出了分析。
- 第2章介绍了你应该尝试课内翻转法的21个原因。如果你本不认可这一方法，本章将带你试一试。
- 第3章分析了现场（非工作站）工作。在某些教学结构中，不使用工作站，我们也能提供课内翻转体验。
- 第4章介绍了翻转课堂时的工作站配置及其范例。
- 第5章教你“如何做”。我们将展示不同类型的工作站，帮你了解你需要为课堂作何准备。
- 第6章将课内翻转视为差异化教学的有效方法。在本章中我们分享了课内翻转的实践方法，提供了实际案例供你参考。没准你还能找到恰当的方法，以此实现差异化教学。
- 第7章详细探讨了课内翻转的规划。我们分享了设计课内翻转的独家经验、各式技巧，其中还包括自己的笔记、草图和计划，以此帮你开始！如果你以任务为导向，你会很喜欢本章提供的清单；有了这张清单，你在设计课程时就不会错过任何细节。

- 第8章介绍了课内翻转的各项策略。
- 第9章为你提供了10个入门技巧。多希望在刚开始这场旅程时也有人能将这些观点传授给我们！
- 第10章简要、生动地介绍了如何评估课内翻转。
- 第11章讨论了如何克服课内翻转中最常见的问题，同时还介绍了消除障碍的实际方法。
- 第12章介绍了创造、提供课内翻转材料的各类技术。
- 第13章就如何通过重新设计教学帮助你优化翻转环境、课内翻转环境提供了方法。本章将向你展示如何利用不同方法（其中包括课语整合式学习、项目式学习、掌握学习法、游戏化学习和线上学习）实现课内翻转。

本书还囊括了世界各地尝试翻转课堂的故事——许多教师分享了他们独特的课内翻转教学法。我们曾设计过一次线上调查问卷，收到了来自新西兰、澳大利亚、美国、中国、加拿大及哥伦比亚的教师的反馈。

本书的独到之处在于，世界各地教育工作者的智慧和经验与我们的课内翻转经历不谋而合。因此，读者应重点关注本书“教学焦点”部分的故事，这些观点也出现在“世界各地的课内翻转”部分。

除此之外，我们还补充了一些反思停顿，方便你思考、反思本书中讨论的问题，给出适合自己的答案。

你可以选择从头到尾阅读本书，也可深入了解感兴趣的章节。希望你能享受阅读本书的过程，就像我们享受编写本书的过程一样！

第1章

通过课内翻转
重塑翻转课堂

本章介绍了国际教育技术协会的几大标准：

2.1 学习者

通过向他人学习、与他人合作，教育工作者探索已被证实的且有前景的实践，从而不断完善自身实践，利用技术提高学生的学习能力。教育工作者将：

- 设定专业学习目标，摸索、应用依靠技术优势形成的教学方法，并反思其效用。

2.5 设计师

教育工作者设计真实的、学习者驱动的活动和环境，从而认清并适应学习者的可变性。教育工作者将：

- 设计符合内容领域标准及实际情况的学习活动，利用数字工具和资源，实现主动学习、深度学习效用的最大化。

2.6 推动者

教育工作者利用技术促进学习，帮助学生达到国际教育技术协会给学生定下的标准。教育工作者将：

- 营造优良的学习氛围——无论是独立完成作业还是小组活动，学生都能自主掌控学习目标及学习成果。
- 在数字平台、虚拟环境、动手创客空间或现场教学中合理使用技术，科学地管理学生的学习策略。
- 塑造、培养创造力和创造性表达，以交流想法、互换知识、密切联系。

奥尔加（Olga）是哥伦比亚的一名公立学校教师。她负责八年级EFL写作班的教学任务，班级内有45名学生。奥尔加曾尝试翻转课堂，但成效不大。约30%的学生从不看视频，还有20%的学生必须在下午帮父母干活。这样一来，学生们没时间也没条件完成家庭作业。此外，还有一名学生双耳失聪，在如何指导此类残疾学生方面奥尔加还没有经验。奥尔加习惯在课堂上直接指导学生。但最终学生的写作成绩表明，这种教学模式只能让学生掌握约40%的内容。

何塞（Jose）是新墨西哥州一名挣扎中的中学生，平时很少有机会上网。近来科学老师开始翻转课堂，这对何塞的学习生活而言无异于“雪上加霜”——他不得不去网吧或朋友家看老师课上布置的视频。等到终于有条件看视频了，何塞看一会儿，暂停一下，把视频里的所有内容一字一句地照抄下来。现在何塞已经打算放弃，并把转学的想法告诉了爸爸。

魏俞鸿是中国一所私立高中的数学老师，目前他的班上有26名学生。在他任职的国际学校里，学生有着不同的文化、民族、教育背景；学校全年均可报名入学。虽然大多数学生都完成了必修的英语课程，但魏俞鸿还需要帮助所有学生适应中国文化、克服语言障碍和学科限制——而这一切都发生在同一环境中。

奥尔加、何塞和魏俞鸿是世界上所有课堂教学的缩影——同其他教师或学生一样，他们在每日的教与学生活中也面临着各种各样的难题。教与学都是一团糟。教学中的一系列变量让工作变得更加棘手和麻烦。但激发好奇心、改变思维模式可以让学生进一步参与到课堂中，更加深入地学习。继续读下去，你就能明白我们是如何改变思维模式、优化翻转课堂，从而让学生受益的。奥尔加、何塞和魏俞鸿都能从中受益，你为什么不试试呢？

我们是如何发现课内翻转的

一个偶然的机会，我们看到了詹妮弗·冈萨雷斯发布的一段视频（该视频于2014年首次播出）。在视频中，詹妮弗解释称课内翻转是另一种翻转学习方法，学生可以在教室墙壁上的工作站中浏览翻转内容。我们认为这一创新意义重大，便开始进一步探索。在调查了其他教育工作者对课内翻转的看法后，我们找到了以下信息：

- 2015年，乔恩·伯格曼和亚伦·萨姆斯（Aaron Sams）将课内翻转称为“翻转”。二者在其著作《小学教学翻转学习》（*Flipped Learning for Elementary Instruction*）中分享了成功的教学经验。
- 2016年，卡特琳·塔克（Catlin Tucker）在其博客中表示，课内翻转“将翻转课堂的优势融入工作站模式”。她在混合式学习方面颇有建树。
- 2015年，马克·巴恩斯（Mark Barnes）和詹妮弗·冈萨雷斯断言，当作业翻转失败时，课内翻转将是一种新的翻转方式。

出于种种原因，部分教师无法在课外翻转课堂内容。我们逐渐意识到，对于这类教师来说，课内翻转已成为一种有效的策略，它已成为我们教学实践的一部分。

几年来，我（玛莎）一直致力于翻转课堂。我发现，学校严格的作业规定限制了学生每天花费在作业上的时间；在这种情况下，文学课很难实现课堂翻转。所以当这一新选项出现时，我一下子就抓住了机会！我开始和七年级的学生一起计划课内翻转。当时有关如何使用这种翻转方法的信息十分有限，因此这也成了一个反复试错的教学过程。同样，卡罗莱娜也试图在课堂上创新。翻转已经成为她基因里的一部分，因此，她决定在线上课堂中采用这种新技术。她利用黑板协作（一款视频会议应用程序）的分组讨论室功能，让学生分组学习课堂内容并完成各项任务。接着，她把此模型引入面对面英语课程中，教授写作技巧及标点使用。

在不同的教学环境中，我们遇到了课内翻转的新方法，无论是面对面还是在线上。由此，我们对课内翻转有了不同的理解，并逐渐将自己的设计引入其中。我们开始分享工作成果，这也促使我们认识了使用相同方法的其他老师。

世界各地的老师向我们分享了他们是如何实现课内翻转的；他们的分享给我们提供了无数种选择。首先，我们发现：

- 需求与教学目标不同，教学安排也会有所不同。
- 你可以将课内翻转以工作站或课堂片段的形式呈现。
- 计划决策取决于特定的主题、课程。
- 学生可通过不同方式获取翻转内容，而不限于工作站或技术应用。
- 无论资源或内容选项如何，都可以成功实施课内翻转。

考虑到这一点，我们为“课内翻转”做出如下定义：

课内翻转是一组可变的课内配置，其中个人和群体空间得以共存，翻转学习在这一教育环境中得以顺利开展。

混合式学习、翻转学习还是课内翻转

在应用混合式学习法多年后，我们不能忽视我们对这一主题的认识。毕竟，正是对混合式学习的兴趣帮助我们发现了翻转学习。在这个过程中，我们遇到了一个重要的问题，它与混合式学习在翻转学习环境中的作用有关。我们分析了混合式学习领域不同专家对课内翻转的看法。表1.1简要介绍了那些直接引用“课内翻转”一词或其基本原则的人。

表1.1　参考课内翻转的翻转学习法

作者与来源	参考
迈克尔·霍恩（Michael Horn） **希瑟·斯特克**（Heather Staker） 《混合式学习：用颠覆式创新推动教育革命》（*Blended: Using Disruptive Innovation to Improve Schools*，*2014*）	霍恩和斯特克提出了一种混合式学习轮换模型，它包含4种子模型。其中一个子模型被称为工作站轮换。它与课内翻转类似，包含在线教学、工作站轮换和协作活动。但这种教学模式以教师为主导，这并非翻转学习的教学目标。
凯特琳·塔克（Caitlin Tucker）	塔克在博客中介绍了她是如何将工作站轮换与翻转学习相结合的。其中，她提到了在工作站内预先录制讲座。
凯特琳·塔克 **蒂芙尼·威科夫**（Tiffany Wycoff） **杰森·T.格林**（Jason T. Green） 《混合学习在行动：实现可持续变化的实用指南》（*Blended Learning in Action: A Practical Guide Toward Sustainable Change*，*2017*）	塔克等人提到了全组轮换和自由站轮换的概念。对她和冈萨雷斯来说，需要有一个工作站一直提供电脑或其他设备，方便学生们在课上观看视频。
马克·巴恩斯 **詹妮弗·冈萨雷斯** 《黑客教育：适用于所有学校的十大应对之策》（*Hacking Education: 10 Quick Fixes for Every School,2015*）	巴恩斯和冈萨雷斯介绍了工作站轮换模式中的课内翻转。对他们来说，课内翻转是“混合式学习的一个子集……应将其纳入混合式学习的范畴”。若想实现这一点，必须要使用技术。

在分析了这些关于课内翻转的理念后，有几点需要澄清。对我们来说，视频是提供内容的一种方式，但正如你稍后将看到的，它们并非绝对必要。因此，我们的课内翻转模型不一定是混合式学习的一部分。此外，我们的课内配置也不仅限于工作站轮换。正如其对哥伦比亚和其他国家的许多教师一样，技术对我们来说并非必选项。并不是所有课堂都能使用技术，但我们仍成功地以各种方式实施课内翻转。

另外，从霍恩、斯特克和塔克的讨论中可以发现，翻转学习似乎可与混合式学习互相转化，但对我们来说，情况不一定如此。几年前，如果你是位传统的教师，想要为课堂增添些趣味，那么你会选择在课堂上添加一个在线组件。瞧！你有一个混合式教室。但在翻转学习中，你必须经历一种思维模式的转变才能促使其发挥作用。你需要成为一名“专业教育工作者”，勇于与他人合作并分享实践经验。你需要将课堂环境转变得更为灵活，桌椅的摆放需便于活动，还要能方便获取资源。在翻转学习中，你需要转变思想，这一点绝不仅限于改变布置格局。

乔恩·伯格曼认为，翻转学习是一种“让所有其他策略起作用的元策略”，其中包括课内翻转。在实践混合式学习时，我们并未发现课内翻转；直到已完成课堂翻转后，我们才有所发现。那么，课内翻转是混合式学习还是翻转学习？考虑到其遵循翻转教学的基本原则，我们将其视为翻转学习的一种形式：教师并不在教室前直接教学，而是借助视频、课本、幻灯片等形式教学。这一变化促成了群体学习空间的转变。在动态环境中，学生可以带着自己的想法参与主题讨论。教师可凭意愿使用电脑，或将技术融入课堂。从这个意义上来说，课内翻转也是一种混合式学习，但技术不是必须的。当传统翻转方式不起作用时，可尝试将课内翻转作为一种新的翻转课堂方式。

在不同的教学环境中，我们尝试了许多不同的课内翻转方法，其中有成功的，也有失败的。在这个过程中，我们发现可以通过调整课堂配置来实现课内翻转。我们确定了两种主要的课内翻转类型——工作站翻转和非工作站翻转。同时，我们还确定了6种不同类型的工作站，方便灵活配置课堂。本节将对其逐一介绍，你可根据具体情况做出恰当选择。准备好重新思考教学设计了吗？

教学焦点

黄国祯博士是中国台湾科技大学的一位讲席教授。他曾讲述自己在中国台湾的乡村学校使用课内翻转策略的故事。在这些农村地区，学生没条件在家上网，于是学校决定在学校内部进行课堂翻转。考虑到这项活动并不依赖某位教师在特定课堂环境中的能动性，而是依赖整个学校的能动性，这一举措被称为“校内翻转”。

过去，学生提前一小时到学校来打扫教室，完成课前准备工作；现在，他们提前一个小时进入机房。在学校里，每个学生课前都坐在电脑前查阅资料。这些活动都在校内开展，家长无须为电子设备或网络担心。这些孩子家长的工作时间都很长，所以延长孩子的在校时间对他们来说很有帮助。

黄博士表示，课内翻转让家长们在教育孩子方面省心不少。有学校提供一切必要的信息和资料，家长们无须再额外花钱。

课内翻转类型

你喜欢那些曾听说过却从未出现在自己课堂上的事物吗？根据自己的教学模式、学生年龄或教学环境，你可以选择不同类型的课内翻转。你所提供的信息量、学生类型及资源类型也会影响具体的课程配置。图1.1中的决策树可帮你做出决策，印证你将在以下章节中读到的信息。

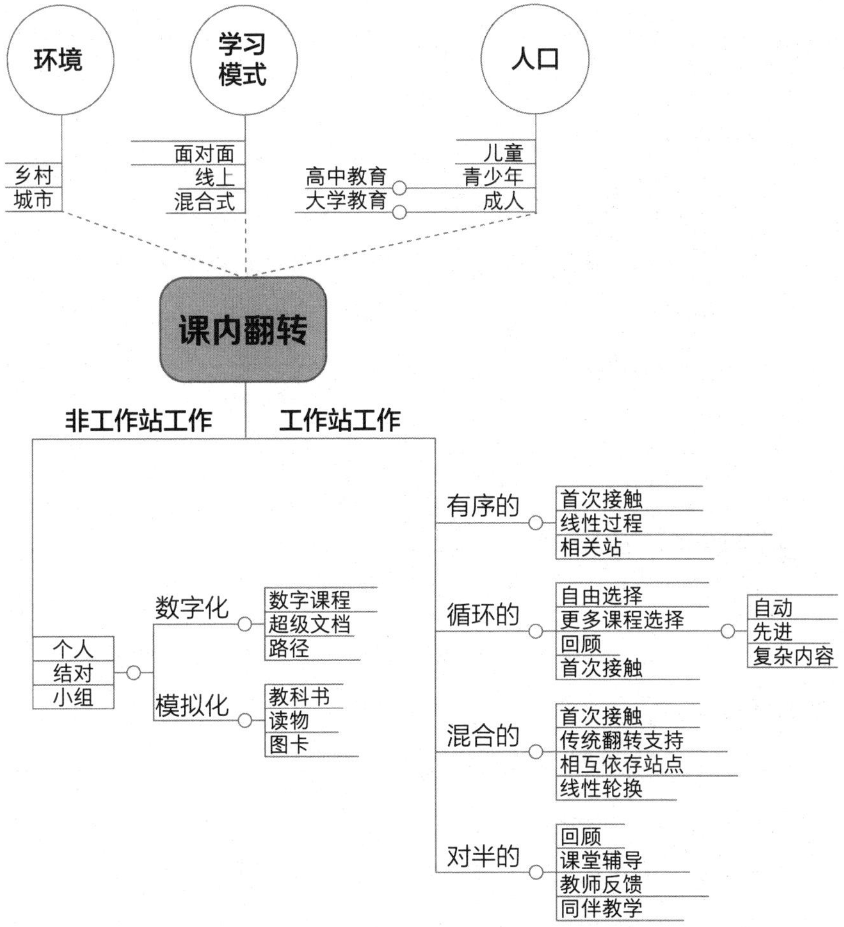

图1.1　决策树——如何选择课内翻转类型

工作站工作

工作站轮换和翻转学习都不是新鲜事物。新鲜的是如何将二者在小组学习空间中结合起来，以提供更好的学习机会和多样的教学方法。近年来，许多教育工作者都认可工作站能使课堂学习更加活跃，但我们在课内翻转中使用工作站的方式有所不同：

1.不管有无技术支持，工作站都可完成任务。（拉米雷斯，2018）

2.工作站始终致力于发展本杰明·布鲁姆[①]（Benjamin Bloom）的思维技能。

3.我们调整了现有的工作站，使其更适合翻转学习环境。

4.工作站考虑了翻转学习的四大支柱。

我们发现在课内翻转工作站模型中存在不同的轮换策略。我们将其分为有序的、循环的、混合的和对半的。每种布置都有不同用途，你可根据自己课堂的具体情况进行调整。若想详细了解这些课堂配置是如何发挥作用的，请参阅第5章。

现场（非工作站）工作

我们找到了一种可以代替工作站工作的方法。学生可以在教学环境中（与教师共享学习空间）自行获取翻转内容（单人翻转），或与同伴合作（结对翻转），或展开小组合作（小组翻转）。

课内翻转借助小组学习空间内的替代材料提供直接指导，因此可根据学生的互动以多种方式展开现场工作。随着单人、结对和小组翻转的实行，教师不再执着于在课堂上传授知识。若学生没准备好翻转内容（像是常规的课外翻转）就来上课，这些都是很好的选择。

① 美国当代著名心理学家、教育家。

你可以用不同的方式展开现场工作，确保学生能够获取信息、参与到课堂活动中。记住，即使学生们在按照自己的节奏做“同样的事情”，你仍然只是一个旁观者。准备好放手了吗？我知道这听起来很可怕。但放弃控制权，将其交给学生是教师的一大明智之举。希望你能逐渐察觉让学生在学习过程中掌握主动权的诸多好处。第3章介绍了更多关于现场工作的内容。

思考

你和你的学校是出于何种原因才实施课内翻转的？是用课内翻转法代替原来的翻转学习法，还是将二者结合使用？

世界各地的课内翻转

我的低水平学生在课外根本完成不了任何作业。课内翻转帮我省去了家庭作业，同时还能一对一帮助学生。

——**瑞贝卡·瑟奎**，美国格林菲尔德的一名化学老师

第2章

选择课内翻转的21个理由

本章涉及国际教育技术协会的几大标准：

2.1 学习者

通过向他人学习、与他人合作，教育工作者探索已被证实的且有前景的实践，从而不断完善自身实践，利用技术提高学生的学习能力。教育工作者将：

- 设定专业学习目标，摸索、应用依靠技术优势形成的教学方法，并反思其效用。
- 关注有关改善学习成果的研究，包括学习科学的发现。

2.2 领导者

教育工作者寻求领导机会，鼓励学生参与课堂、取得成功，致力于改善教学水平。教育工作者将：

- 倡导在教育技术、数字内容、学习机会方面实现人人平等，满足所有学生的多样化需求。

课内翻转对教师和学生都大有裨益，原因有很多。多年来，我们一直在探索研究，直到今日终于有能力完成本书。你对我们尝试课内翻转的21个理由感兴趣吗？如果答案是肯定的，请继续阅读下去吧！

诚然，以下许多理由同样适用于传统翻转，但课内翻转还具备传统翻转所没有的优势。

理由1：课内翻转能够成功应对挑战

有许多教师尝试翻转课堂失败了，学生的不配合是主要原因。学生们

（1）拒绝完成与翻转内容相关的个人作业；（2）来上课时没有准备好展示自己学到的内容；（3）在家学习时不便获取资源；（4）受制于严格的家庭作业政策。种种阻碍限制教师开展有效的传统翻转工作。

理由2：以学生为中心的课堂

在课内翻转中，曾经在教师身上的焦点不可避免地转移到了学生身上。教师提供宝贵的学习机会，帮助学生学习，成了学生的“引路人”。

理由3：学生自主

课内翻转的设计包括主动学习和决策的机会，让学生对自己的学习负责，从而实现学生自主。即使教师就在身边，学生也能实现自学。

理由4：学生关注度得以提高

当我们计划活动时，如果每个学生都有高度的责任感、明确的（预期）结果，并且能熟练掌握翻转内容，那么他们分心的可能性就会降到最低。

理由5：内容覆盖率增加

在课内翻转中，许多活动都可以被压缩，课堂时间似乎有所延长，这一点在工作站环境中最为显著。我们估计，使用工作站轮换模式，原定3小时的课程可以在1小时内完成。你的成果可能有所不同，但相信你很快就会明白我们的意思。

理由6：对学生个性的认识

由于有机会与每个学生进行微对话，你能更好地了解每个学生，更好地作为教师和个人做出回应。课内翻转绝对有助于你把每个学生当作独立个体来对待。

理由7：即时反馈、个性化反馈

减少教师发言时间，增加学生学习时间，这样就可以延长教师反馈时间。学生在课堂上学习时，教师会在周围走动并在需要时介入。学生在没有教师的情况下自学时，就不会获得此类帮助。

理由8：即时帮助

除非教师在教学环境外翻转时也能提供指导，否则只能稍后回答学生的问题。有时学生对学习内容感到困惑，需要立即答疑以便继续学习。在课内翻转中，教师就在身边，随时准备回答任何问题或疑问。

理由9：翻转“不可翻转”

基于某些内容的复杂性，它们被认为是“不可翻转的”。课内翻转允许教师提供指导，不要求学生独立应对复杂内容。在这种情况下，学生可以安心，教师会在必要时提供帮助。

理由10：没有作业，没有问题

课内翻转已成为对“无作业”政策倡导者的有力回应。你可以确保学生是自己完成作业而非让他人代劳。多亏课堂上的翻转内容，家庭作业不再是个问题。

理由11：控制你的资源

翻转学习之所以会失败，可能是由于部分学生在校外缺乏资源来获取知识。在课内翻转环境中，教师摇身一变成了技术经理和内容设计师，可利用手头的知识构建学习体验。因此，教师可以控制现有资源，而不必依赖学生在家获取的资源。

理由12：上瘾

学生们喜欢课内翻转！在课内翻转中，他们可以快进、暂停、回退、提问。一旦积极地融入学习过程，学生就会上瘾，教师也一样！

理由13：支持年轻学习者

自主性弱、专注度低是年轻学习者不同于年长学习者的两大特征。自然，年轻学习者正处于学习过程的初级阶段，需要指导才能成为独立的学习者。在这种情况下，传统翻转可能会适得其反：父母或看护人通常没有接受过相关培训，无法为孩子提供所需帮助。课内翻转允许教师为年轻学习者提供指导，并在他们学习翻转内容时现场提供帮助；这样一来，学生便无须依赖家庭支持，况且家庭支持也不是时时都有的。

理由14：提供选择

如果学生水平高低不一，那么课内翻转允许学生根据自身需求选择学习内容。高水平学生不需要复习他们已经知道的内容，而成绩较差的学生也有足够的时间来理解某一主题的课程内容。

理由15：帮助代课教师

作为代课教师，你有没有上过一门从未上过，或者是多年都没有复习过的课程？课内翻转可帮助代课教师避免因讲授陌生内容而产生恐惧感。代课教师可以轻松提供有意义的课堂体验，而无须成为学科专家。

理由16：让特殊教育助教发挥积极作用

尽管不能一概而论，但有些课程的确需要依靠助教来满足学生的特定需求。在课内翻转中，有了翻转解释，教师就可用更主动的学习任务鼓励学生。同时，助教也可从翻转内容中获益，更大限度地发挥自身作用，进一步了解学生需求。

理由17：为一对一师生对话提供更充足的时间

增加与学生的互动、更好地了解他们是课堂内外翻转带来的一大好处。教师授课时间的缩短，有利于一对一师生对话时间的延长。

理由18：成为“那种”教师

教师可与不同的学生单独交谈，更好地了解学生，师生关系也将变得更为密切。课内翻转能帮你成为那种发现问题并采取行动的教师。

理由19：作弊机会减少

学生作弊有多种原因，其中包括懒惰、没时间、不会做等。不管是什么原因，课内翻转让学生们在课堂上获取知识，作弊变得更加困难。在课内翻转中，教师就在身边答疑解惑，确保学习顺利开展；学生懒惰、没时间、不理解的情况大大减少。

理由20：差异化

课内翻转在课程配置、时间安排方面极为灵活，我们可以在同一环境中设计不同课程，以满足学生的多样化需求。

理由21：进步

随着课内翻转的推进，一切都有所发展。教师成长为专业的教育工作者，必然会对教学实践进行反思；同样，作为个体和学习者的学生也在不断成长；师生关系也日渐紧密。

这21个理由说服你了吗？无论你是已经实现翻转，还是正在寻找放弃控制权的方法，或是在传统翻转中遭遇挫折，我们都希望你能试试课内翻转。这一方案可以应对你在教学环境中遇到的许多限制。

教学焦点

阿什赫斯特学校是新西兰第一所完全贯彻翻转理念的学校，希思·奇滕登任校长。2012年，希思听说了翻转课堂，决定开始翻转阅读。

希思想要建设这样一所学校——学生可以自主学习，而教师可以自我定位，为学生学习提供助力。尽管有技术支持，希思还是想实现进一步发展。阿什赫斯特学校关注“激活知识，让学生参与其中”。因此，教师被视为“学习的激活者”。对希思来说，仅让学生参与活动还远远不够。他表示，“翻转模式改变了传统的师生关系，知识的激活是他们关注的焦点所在。”在阿什赫斯特学校的课程中，学生是课堂的中心；教师利用不同的课内翻转设置，确保学生参与到不同层次的活动中。

你为何要使用课内翻转？你还有什么顾虑？

世界各地的课内翻转

我曾经实行的是在家中进行翻转；有一天，我开始让学生们在课上做作业；让孩子们在课上看视频真的很方便，这样我就可以当场答疑解惑，且每个人都能享受到科技的便利之处。

——**凯尔 · 尼米斯**，美国新泽西州南布朗士维克市的一名七年级科学教师

第3章

现场工作

本章涉及国际教育技术协会的几大标准：

2.3 公民

教育工作者鼓励学生负责任地参与到数字世界中并作出积极贡献。教育工作者将：

- 创造机会，让学习者做出积极的、对社会负责的贡献，并在网上展示同理心，以此拉近关系、密切社区联系。
- 打造学习文化，增强对线上资源的好奇心和批判精神，提升数字素养和媒体流畅性。

2.5 设计师

教育工作者设计真实的、学习者驱动的活动和环境，从而认清并适应学习者的可变性。教育工作者将：

- 利用技术创造、调整、打造个性化学习体验，以此推进自主学习，适应学习者之间的差异和需求。
- 设计符合内容领域标准及实际情况的学习活动，利用数字工具和资源，实现主动学习、深度学习效用的最大化。
- 探索、应用教学设计原则，创造创新型数字化学习环境，以此鼓励学生学习。

2.6 推动者

教育工作者利用技术促进学习，帮助学生达到国际教育技术协会给学生定下的标准。教育工作者将：

- 打造文化，让学生在独立、集体环境中自主掌握学习目标和结果。
- 创造学习机会，考察学生使用设计过程、计算思维来创新、解决问题的能力。

- 塑造、培养创造力和创造性表达，以交流想法、互换知识、密切联系。

2020年之前，现场课内翻转（无工作站）的想法还不明确，甚至对面对面教学来说没什么必要。当时在人们眼中，它可能只是线上课程的复杂名称。不过到了今天，在线上环境中翻转课堂后，我们可着手具体实践和行动，以阐明此类课内翻转的目的和优势。

首先，地点是现场课内翻转的一个重要方面。我们可以在线上和线下教室中展开现场课内翻转。但不管在哪儿上课，线上中心必不可少。此空间可能是线上课程、超级文档，或是同步在线翻转学习法课程等。精心设计的线上“一站式商店”对保证学生理解课程内容、拥有学习自主性、适时参与活动和讨论来说至关重要。

我们将课内翻转定义为“同一课堂环境中个人和群体学习空间的共存”。课堂上可以没有教师授课，而是通过不同的方式，如视频、阅读、信息图表等方式教学。这就是现场课内翻转，因为教师并没有直接在讲台前授课，而是由学生自行获取知识。这种课堂设置包括以下几种要素：学生可独立获取的知识，以教师授课外方式获取的知识，多种交互方式（学生和知识，学生之间及学生和老师）、协作和参与者可扮演的诸多角色。

在现场课内翻转中，交互和协作至关重要。没有老师教、学生学的非常规课是为了学生能更深入地学习，更好地掌握知识、加深彼此之间的交流，创造真正以学生为中心的氛围。为追求以学生为中心，教师通过引人入胜的活动、深思熟虑的设计和积极的学习策略，促进课内翻转中的协作和互动，确保数字时代技能的发展。

此外，现场课内翻转中，在为学生创造最佳学习体验方面，教师决策起到了催化剂的作用（同课外翻转一样）。教师决策指引学习方向，将枯燥的教师课堂转变为动态体验，让学生自主掌握学习过程。“教师决策推动学生自主学习”这种说法听起来可能有些矛盾，但我们已经证实，教师关于任务和学生选择的决策可以确保学生参与学习过程，从而使学习者获得自主权。

因此，现场课内翻转考虑了学生参与及多层次参与的重要性、将学生置于学习过程中心的需要，以及通过不同方式提供知识的可行性，以满足所有学生的需求。此外，以这种方式翻转课堂有助于教师更多地关注学生；同时，翻转内容将以更具体的方式呈现。我们的意思是，当我们选择、设计材料并在课堂上使用这些材料时，我们注意到学生的学习时间延长了，而教师的指导时间缩短了（例如，原来20分钟的指导可能会缩减为5分钟的视频；这样一来，就为实践、学生参与留下了充足的时间）。

与工作站工作（参见第5章）相反，你可为每节课设计这种类型的翻转；你可以从常规的课程计划开始，简单插入通过替代媒介呈现的内容。此类课程不要求你想象轮换，而需要你为学生设计一种自定进度的学习体验。此外，由于你并不直接指导学生，你更有精力关注学生个人及其需求。

现场课内翻转由连续的课程组成，学生在课堂内与知识互动（而不是像“课外翻转”那样存在于课堂外），他们既可独立完成（独立现场课内翻转），也可成对完成（二人现场课内翻转），或分组完成（分组现场课内翻转）。学生与知识的互动模式可由教师在设计时决定，也可由学生在上课时决定。从这个意义上说，学生有机会在一节课内实践布鲁姆认知分类法的不同层次。究竟什么因素才能使现场课内翻转得以高效实现？下一节将就此展开讨论。

传递翻转内容

在课外翻转中，学生需要课下找时间做作业，并为上课做好准备。在现场课内翻转中，学生获得的知识将取代教师的课上指导——这是现场课内翻转与其他课程之间的最大（如果不是主要）区别。本节应用该方法概述了向学生传递知识的不同方式。若想了解更多有关如何设计课内翻转的内容，请参见第8章。

实时视频和职责

与传统翻转一样，如果方法得当，视频将是一种高效的教学方式。出于多种因素，如科技的便利性、学生对技术（如视频平台）的熟悉度、讲解的便捷性（部分教师已成为视频制作的行家里手）等，或许你希望在课内翻转中利用视频教学。因此，你可在现场课内翻转课程中提供视频资源。正如许多作者所指出的，视频本身并不一定有助于学习；我们建议在观看视频的同时增加某种形式的职责。在观看视频的过程中，学生必须从头到尾参与其中，以便充分理解视频内容。插入有关问题、任务或反思的提示将丰富观看体验。

带着责任进行实时阅读

几个世纪以来，学生通过阅读学习。由此可见，阅读也是一种特殊的现场课内翻转学习策略。教师可要求学生在课上阅读课文，然后提出问题并展开讨论。然而，为适应数字时代的需求，教师可使用社交阅读平台，通过实时（同步）的问题、评价和讨论进一步吸引学生参与其中。这可以实现时间、同学和教师资源的最大化利用，还能更好地发挥阅读的作用。

视觉内容分析

视觉学习专家认为，图像对学生理解概念和话题有积极作用。温斯坦（Weinstein）等人表示："图片通常比文字更容易记忆，可提供额外的记忆线索。"考虑到这一点，我们设计的翻转内容包含了丰富的视觉元素（如涂鸦笔记、信息图）。

使用涂鸦笔记。涂鸦笔记可以在一个框架内包含大量信息，是一种向学生介绍话题的强大工具。该工具帮助学生详尽分析、展开战略性思考，尝试从图像中理解主题。费尔南德斯·丰特查（Fernandez-Fontecha）等人给涂鸦笔记作出如下定义：涂鸦笔记是一种通过大量资源（如语言、图形和绘画等），以多种方式传达抽象概念，从而为业余观众"描绘抽象概念和想法的手段"。因此，教师可以在一个视觉笔记中综合大量信息，同时培养高阶思维技能。图3.1为一个现场课内翻转的涂鸦笔记示例。

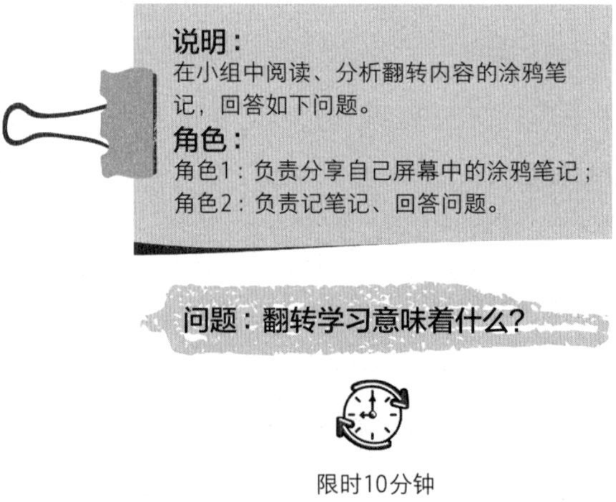

图3.1　现场课内翻转的涂鸦笔记

使用信息图。和涂鸦笔记类似，信息图以快速、简洁的方式提供数据和信息的可视化表达。二者的主要区别在于信息图是数字化的（用图标、图像代替绘图），在显示统计数据、模式和趋势时效果非常理想。用信息图呈现翻转内容不仅可节省时间，降低学生的认知负荷（避免太多信息使他们不堪重负），还能促进学生的理解能力进一步发展。

选择板

选择板是另一种向学生传授知识的方式。根据美国应用性特殊技术中心（CAST）的研究，通用学习设计的一大原则就是“提供多种表现方式”，以应对学生的差异和需求。在这一原则的第一个指导方针中，CAST建议，提供内容时不应只依赖于单一感官（如听觉、视觉、触觉等）。在考虑以不同方式向学生展示内容时，选择板给出了一个有趣的选项——以多种方式提供内容。教师可以用不同的方式（如文本、口头或视觉形式）提供同样的信息，以此满足课上的多种需求。此外，教师还可以通过选择板使用多种技术（隐藏式字幕、沉浸式阅读器等），以确保学生顺利获得信息。毋庸置疑，由于需自主选择学习方式，学生利用选择板学习时能充分发挥自主性和能动性。

学习菜单

学习菜单的操作与选择板类似，但在设计上有所不同。教师可以创建学习菜单，向学生展示内容，增强学生自主性。有时，教师们会觉得教学大纲中的每个概念和想法都需要教，但这种做法可能与学生的兴趣、偏好并不相符。我们可以创建学习菜单，提供教师认定学生需要学习的内容，但究竟学习什么还是让学生来做决定；这样一来，学习者们就能更积极地参与到学习过程中，学习与他们产生共鸣、与他们的学习目标相符的内容。

带有翻转内容的游戏

从石器时代开始，人们就把游戏作为一种学习工具。在教育中，游戏通常被用来实践或应用于某一概念；同时，若想要用有趣、动态的方式向学生讲授内容，游戏也是一种绝佳的工具。在游戏中添加翻转内容是课内翻转的一大妙招。教师可设计游戏来传授知识，甚至还能让学生自己设计游戏。学生可以从纸牌、棋盘游戏、策略游戏、骰子和立方体等游戏中有所收获。现如今，这些游戏类型都可轻而易举地通过数字化方式设计出来。

使用翻转指导

新冠肺炎疫情期间，需要“为学生提供便捷指导”是我们得到的一大教训。学生们在虚拟课堂上碰到各种各样的连接问题，我们也就一遍一遍地提供指导——可能是网断了、音频有问题或是连接有延迟。在设计教学时，必须避免这类问题反复出现，保证与课堂的连接畅通。玛莎提出了所谓的“差异化翻转指导”，将邦迪（Bondie）和祖肖（Zusho）的包容性指导与翻转学习相结合。这需要我们以多种方式（如文字、音频、视频等）向学生提供指导，并就时间、步骤、语言使用、角色、规则、顺序和任务展开具体说明。

创建数字化学习路径

“数字化学习路径”是我们设计翻转内容的一大方式：在我们设计的

路径上，学生需由A点到达B点。我们称其为路径，是因为学生必须遵循特定步骤，而非跳步才能完成课程。在某些情况下，由于设计中使用了数字工具，课程仿佛就是实际路径。课程是线性的，但有些课程中还包括方式的选择。此外，它们可以用于虚拟或现实场景中。到目前为止，我们已经确定了4种类型的路径：

决策路径：这类课程允许学生自主学习，因为他们可以自主选择课程的学习内容或任务类型。即便课程有特定路线，这一路径也给了学生极大的自由。例如，如果学生正在学习某特定主题，并需要在课程结束时加以应用，教师可在不同的学习模式下提供翻转说明，帮助学生选择学习方式（视频、播客、网站等）或帮助学生选择如何应用所学。

逃生室：逃生室是一种挑战，在这种挑战中，玩家（在这里是学生）"被锁在一个房间里，必须寻找线索，通力合作，解开谜题才能逃脱"。这里，翻转内容以"逃生室"的形式呈现。学生必须阅读内容、完成某种类型的任务或挑战才能从房间中逃脱。这项活动可以在线上或线下课堂环境中展开。

教学顺序：教学设计模型坚持定义步骤、任务的重要性，以此让学生顺利自主学习某一单元或主题的内容。在这一顺序中，教师做出决策，将其置于课程设计中，标明学生须遵循的步骤。现有的内容和任务供学生自己选择。

超级文档：丽莎·海菲尔（Lisa Highfill）、凯莉·希尔顿（Kelly Hilton）和莎拉·兰迪斯（Sarah Landis）提出了"超级文档"一词，以"描述（她们）教室中的数字化课程设计和教学指导"。她们不编写课程计划，而是借助网络工具、应用程序为学生精心设计在线课程。在网络工具和教学设计原则的帮助下，超级文档成为助力学生深入学习的一大法宝。

教学焦点

凯特·贝克是新泽西州马纳霍金市的一名高中英语教师。她运用自带设备（BYOD）法和翻转课堂法鼓励学生进行批判性思考，激发他们对课堂所学主题的兴趣。她在文学研究中融合了现代和古典元素。

凯特有个绝妙的主意。她使用的课内翻转结构组织性极强。对凯特来说，让八、九年级的学生四处走动简直是一场噩梦；因此，她没有让学生轮换而是选择工作站轮换。她把学生分成小组，给出议程，上面列出了学生需完成的所有任务和每项任务给出的时间。她还给他们上了一节用GoFormative（一个线上教育网站）设计的线上课程。在课程中，学生们实时完成任务，积极承担自己对工作的责任。凯特非常关注细节，使得每位学习者在她的课上都轻松愉快，还能有所收获。

思考

你以前使用过这种现场配置吗？

你曾想过在课上用单人、结对、小组翻转代替直接教学吗？

世界各地的课内翻转

我的翻转精熟课堂总是使用类似的设计。我让学生使用超级文档决定完成任务的顺序，从而完成每个单元的学习。一般情况下，学生会用视频或幻灯片做笔记，之后参加开卷测试以检查记笔记情况及自己对知识的初步理解。若成绩不理想，他们必须补考、重新参加测验。学生将在超级文档中经历几次这样的循环。之后，学生将完成一项标准练习，回答与特定标准相关的问题。这是学生在参加掌握性测试前的最后一次检查。一旦测试成绩合格，学生就有资格参加该单元的考试。

——**杰克 · 哈贝格**，美国田纳西州富兰克林市的一名历史教师

第4章

工作站设置空间

本章涉及国际教育技术协会的几大标准：

2.5　设计师

教育工作者设计真实的、学习者驱动的活动和环境，从而认清并适应学习者的可变性。教育工作者将：

- 设计符合内容领域标准及实际情况的学习活动，利用数字工具和资源，实现主动学习、深度学习效用的最大化。
- 探索、应用教学设计原则，创造创新型数字化学习环境，以此鼓励学生学习。

2.6　推动者

教育工作者利用技术促进学习，帮助学生达到国际教育技术协会给学生定下的标准。教育工作者将：

- 营造优良的学习氛围——无论是独立完成作业还是小组活动，学生都能自主掌控学习目标及学习成果。
- 创造学习机会，考察学生使用设计过程、计算思维来创新、解决问题的能力。

在回顾不同工作站的规划前，让我们先澄清一下“工作站”的含义。工作站的组织方式取决于许多因素：

- 教室或学习空间
- 学生人数
- 教学资源类型
- 可用教具（如围桌、写字台、椅子等）

课内翻转的课堂准备

每个教室、环境都不尽相同。重要的是，你需要在学习空间内找到特定区域来安置工作站。要实现这一点，你可以把工作站安置在某张桌子上、教室某个角落里或几张桌子上，用胶带在地板上标记工作站空间也同样可行。桌椅并非工作站所必需，你可以利用墙壁、地板空间来展示材料，供学生使用。如果有条件（或必要），你甚至可以在不同的教室里安置工作站。

以下4种设置可以适应不同的环境、课堂设置和学习情况（如图4.1所示）。想象一下，每个工作站都可以进行各种各样的活动。

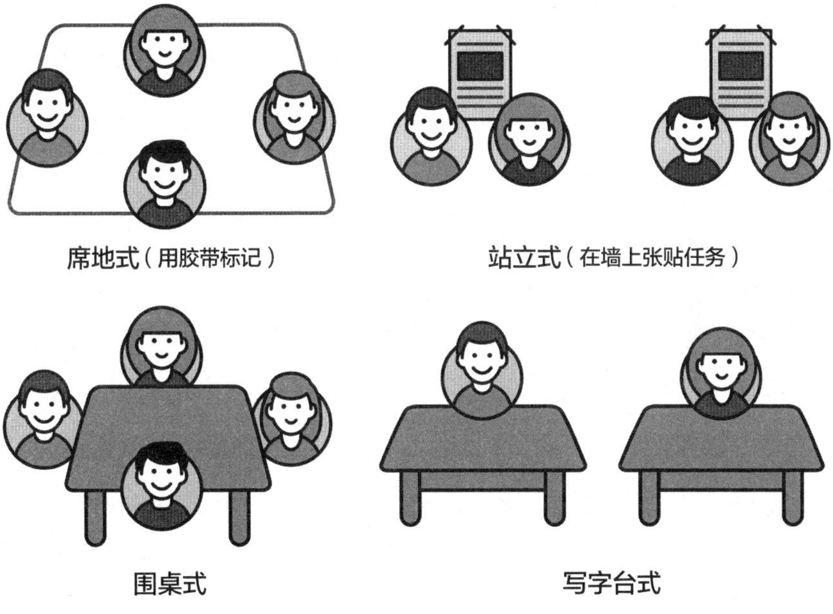

图4.1　不同类型的工作站设置

教学焦点

亚历克莎·芬克是华盛顿州西雅图市的一名高中西班牙语教师。她将虚拟现实技术（VR）应用到西班牙语课程中，让语言学习变得更真实、更有意义。在某节课上的课内翻转过程中，她用5个工作站来回顾指令。

1.停止游戏：学生从包里拿出指令卡，以最快的速度完成图表。

2.叠叠乐游戏：学生们借助指令纸条游戏。

3.通过听歌识曲来识别指令：学生们根据歌曲中熟悉的词汇、结构发表自己对歌曲故事的见解。

4.教师答疑解惑以支持工作站。

5.虚拟现实游戏“保持通话，没人爆炸”。该游戏的任务是拆除炸弹。在这个工作站中，戴着VR头盔的领队学生可以看到炸弹；团队有停用手册但还得依赖领队学生的描述。根据描述，团队检查手册，为领队学生完成任务提供指令。

亚历克莎表示：“通过游戏，学生们可以了解明晰指令的重要作用和价值，这是他们在工作站工作中无法完全掌握的。有能力看到语言的实际应用为其赋予了意义。通过虚拟现实技术，学生能够用现实‘点击’正在学习的内容。”

工作站类型

课内配置（将在第5章中介绍）可通过7种工作站进行调整：翻转站、练习站、独立站、教师支持站、同伴指导站、评估站和反馈站。这些工作站为不同的学习目的服务，在工作站配置中极具灵活性。然而，在课内翻转中，翻转工作站对各配置中的翻转学习都至关重要。

让我们回顾一下各工作站的用途。

翻转站

在这种工作站中，教师提供翻转内容。该站以视频、幻灯片、抽认卡、在线资源、阅读材料、超级文档、学生自制材料、播客等多种方式取代教师的直接指导。

图4.2　翻转站

练习站

通过练习站的练习，学习者应当能掌握翻转内容。该站的活动取决于两个方面：课程目标和学生能接受的难度。练习站应带学生体验布鲁姆认知分类法的所有层次。他们应当适应这一框架。练习活动可能包括工作表、在线任务、游戏、讨论、演讲活动、结对练习、小组创作、写作、实验、艺术和手工艺、视频、录音、角色扮演等。此类工作站活动的关键在于鼓励学生主动参与学习。你的想象力和天空一样无边无际！

为展开课内翻转，翻转站和练习站是必要的。若无充足的翻转内容，教师可通过直接指导完成工作站工作。

图4.3　练习站

独立站

考虑到学生的数量、他们的工作节奏及活动类型，有时可能需要一个额外的工作站方便轮换。举个例子，下一工作站还不可用，但学生已完成上一工作站的任务，这就会导致“学生撞车”。在这种情况下，独立站就成为一个实用选择，学生可以继续学习，而不会浪费宝贵的时间。

图4.4　独立站

独立站是一种“学习等候室”，在翻转站、练习站可供使用前，学生非常适合在独立站中学习。独立站设计的活动应适用于所有学生，而不是直接与当前工作站的翻转内容挂钩。也就是说，学生已提前知晓该站提供的活动内容。教师可以为独立站组织复习、动手活动、游戏、手工艺、工作表、在线活动或默读等。

教师支持站

本站中教师的作用至关重要，教师与学生一起解决问题，指导学生，为学生提供反馈。有时翻转站提供的内容并不充分，有些主题需要教师进一步干预和引导。在这种情况下，你可将教师支持站作为路径上的一个点或是学生的“外部站”，以此提供教师的直接指导和帮助。其他时候，该站可用作反馈空间，方便学生与老师一对一批改作业、就学习过程提出自己的困惑之处。

图4.5　教师支持站

同伴指导站

哈佛大学教授埃里克·马祖尔（Eric Mazur）于1997年普及了同伴指导。在物理课上，他建议学生解释自己的答案并说服其他同学。他认为，学生有共同的认知水平，可以更有效地相互解释材料，而不会出现“专家盲点”——这种盲点有时会阻碍教育工作者以清晰的方式向学生提供信息。

受马祖尔的启发，我们发现了相互学习的巨大价值。我们为学生提供同伴指导站，方便他们相互教学，从而加深他们对知识的掌握。在同伴指导站中，你可以提供小白板、马克笔或纸和笔，要求学生相互教学。你可自行为同伴指导站制定基本规则。学生应该如何自主教学？如何决定谁教谁学？如何用笔记指导他人？如何对所学或所教内容负责？

图4.6　同伴指导站

反馈站

我们有一个专门提供反馈的工作站，根据课程的不同，反馈也有所不同。其主要用途如图4.7所示。

	**同伴反馈**：学生们互相检查作业，对同学的作业提出评价、给出修改意见。
	**学习反馈**：学生回忆所学，提出问题。
	**课程反馈**：学生指出对课程的满意与不满之处、课程中的有效及无效设计，为未来的教学提供建议。

图4.7　反馈站

你可利用在线工具、便利贴、工作表、视频或书面任务收集反馈。你的计划中应包括学生反馈以及你对此的期望。

评估站

在本站中，学生通过特定的任务来展示其掌握程度。此任务可以是小测、考试或需凭借所学才能完成的活动。本站的任务可由老师自行评分。

图4.8　评估站

总结

每个工作站在学习中都扮演着重要的角色，具体角色则取决于你的配置。考虑到情境的独特性，我们猜测你会创建自己的工作站。正如乔恩·伯格曼所言："翻转学习不是静态的。它随研究、课堂创新和技术的发展而发展。"

第5章

工作站轮换配置

本章涉及国际教育技术协会的几大标准：

2.1 学习者

通过向他人学习、与他人合作，教育工作者探索已被证实的且有前景的实践，从而不断完善自身实践，利用技术提高学生的学习能力。教育工作者将：

- 关注有关改善学习成果的研究，包括学习科学的发现。

2.5 设计师

教育工作者设计真实的、学习者驱动的活动和环境，从而认清并适应学习者的可变性。教育工作者将：

- 利用技术创造、调整、打造个性化学习体验，以此推进自主学习，适应学习者之间的差异和需求。
- 设计符合内容领域标准及实际情况的学习活动，利用数字工具和资源，实现主动学习、深度学习效用的最大化。
- 探索、应用教学设计原则，创造创新型数字化学习环境，以此鼓励学生学习。

2.6 推动者

教育工作者利用技术促进学习，帮助学生达到国际教育技术协会给学生定下的标准。教育工作者将：

- 营造优良的学习氛围——无论是独立完成作业还是小组活动，学生都能自主掌控学习目标及学习成果。
- 创造学习机会，考察学生使用设计过程、计算思维来创新、解决问题的能力。

本章介绍了各类配置，包括有序配置、循环配置、混合式配置和对半配置。下图介绍了各种配置、规划过程的工作方式、最佳使用时间和选择的工作站类型。你准备好了吗？

有序翻转

如果你想向学生展示内容，让他们按特定顺序练习，可以考虑有序课内翻转（见图5.1）。

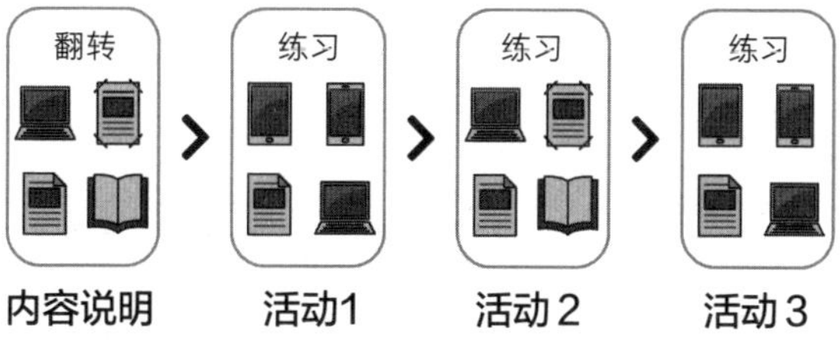

图5.1　有序课内翻转

有序课内翻转由诸多工作站组成，按线性顺序排列。所有学生都从同一翻转工作站开始，完成接下来相互依赖的任务。在4个工作站的有序翻转中，学生从第一站开始，到第四站结束；必须先完成一项任务，然后再进行下一项任务。

这类配置非常适合教授新内容。只要教室里能放置多个工作站，你就可以在课上对大量学生应用有序课内翻转。

我们建议主要使用翻转站和练习站组成有序课内翻转。如果老师允许学生有自己的步调，也可在序列末尾添加一个独立站或反馈站。

在玛莎的公开演讲课程中，她利用这种配置教18名中学生创建图表。

她计划了3个工作站：

1. 第一个有图表说明。

2. 第二个有书面描述，学生必须将其形象化为图表。

3. 第三个有笔记本电脑，供学生利用网站合作创建数字图表。

教室里有18名学生，需要6张长桌。在前两张桌子上，9名学生独自学习材料。在旁边两张桌子上，学生们3人一组。在最后两张桌子上，两组学生分别使用笔记本电脑学习。

如果你所在班级人数众多且想使用这种课内翻转，那么多站点（如图5.2所示）是你的最佳选择。

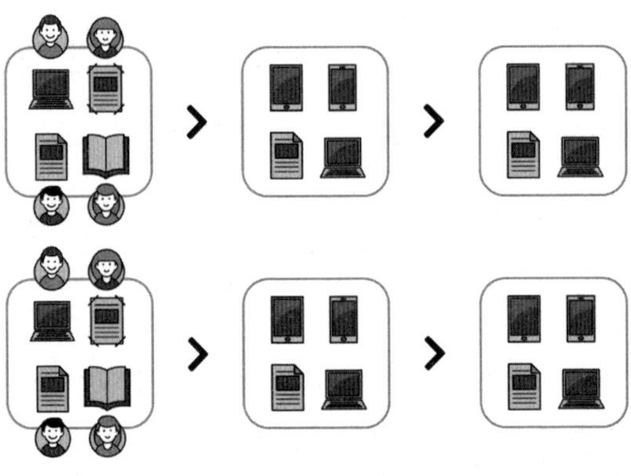

图5.2　多重有序工作站

举个例子，你可以将32名学生分成4个小组，将他们放在相同的翻转站（站1）中。这样，你就可以在小组成员完成每项任务时对他们进行监控。各工作站的多重排列情况将根据你如何计划每个工作站的工作内容而有所不同。因此，如果你认为8个学生太多（我们就是这样认为的），可设立更多工作站。另一选项是在同一工作站内划分工作空间，如图5.3所示。

图5.3　工作站分为两个工作区

在图5.3中，我们可以看到如何将一个工作站分成两组，每组3名学生，而不是6名学生。这是在大班里优化工作站空间的好方法。

尽管课内翻转包括翻转站和练习站，但这种配置可以有所不同——只包含翻转内容的工作站，或翻转内容、练习活动合一的工作站。参见图5.4，我们组织了一个教师培训研讨会，其中包含两个翻转站的多重序列，我们计划在研讨会上为30名教师提供有序课内翻转示例。

图5.4　含翻转站的多重、有序课内翻转

在这一关于翻转学习、课内翻转的教师培训研讨会上，我们设计了两个翻转站。1号站包含一段带工作表的翻转学习视频。2号站有一个迷你海报展示，用于解释课内翻转，还有一个信息组织图有待完成（如图5.5所示）。考虑到与会者数量将超过30，我们决定将工作站数量翻倍，这样一来，总共就有4个工作站。30名与会者被分为4组，分布在各工作站之中（每个工作站中有7—8名与会者）。为使研讨会达到更好效果，我们决定对工作站使用时间计时，适时给出提示，提醒与会者轮换使用工作站。提示音响起，1号站的两组轮换到2号站，2号站的两组轮换到1号站。

图5.5　课内翻转工作站

循环站提示

- 第1站应提供翻转内容。
- 为工作站轮换安排时间，以此最大限度地集中学生注意力。
- 使用提示音提醒学生轮换。
- 工作站排序很重要，确保各工作站任务难度处于同一水平或逐渐增加。
- 如果学生有自己的学习节奏，应规划一个独立站。

- 你可使用此配置将学生的注意力完全集中在翻转内容上，前提是你设计了工作站内的问责活动。
- 要求学生列出喜爱的歌单。在学生最后一次轮换时，播放歌曲，改善课堂整体氛围。

教学焦点

保拉·卡多纳（Paola Cardona）是哥伦比亚马尼萨莱斯州的一名英语教师，她在课内翻转语言课中使用了Edmodo线上教育网站。看看她是如何利用6个工作站的：

1.视频。学生观看视频并思考问题，然后与小组成员分享。

2.词汇。学生进行联想、配对、看图说词等练习。

3.倾听。学生完成不同的听力练习，如填空、配对、发表意见等。

4.阅读与写作。学生在Edmodo的一个小组中回答了一个深刻的问题，并收到其他小组成员的反馈。

5.口头输出，如讨论、辩论、开放式问题、小型访谈等。据保拉所述："考虑到学生们的语言水平，这个工作站有时有点令人生畏，但却是最有价值的一个。在这里，我能看到学生在说话，在尽力交流。Edmodo的作用至关重要，学生们有时会以语音笔记的形式将问题发到群里，其同伴会回答这些问题。"

6."英语很有意思"独立站。我们还为提前完成任务的学生提供了额外活动。学生可以深入了解Edmodo提供的挑战。

保拉表示："不要怕改变课程；它也会改变你作为教育工作者的生活！"对于这一点，我们十分赞同。

循环翻转

在循环课内翻转中，只要能完成所有任务并实现闭环，学生就可以从任一工作站开始。各工作站活动的难度应大致相同，以便学生可以从任意地点开始。这与之前的配置不同，因为有序课内翻转是线性的，所有学生都从同一工作站开始，逐步向前。在循环配置中，翻转站可位于循环内部，也可以位于循环外部。是否加入翻转站取决于课程的具体目标及学生对内容的了解情况。循环课内翻转既适用于复习旧内容，也适用于呈现新内容。

如果你已经介绍了一个主题，却担心一些学生在练习时仍需记忆内容，那么这是一个理想的配置。在这种情况下，可将翻转站置于循环外。这样一来，学生就可以轮流练习，如有需要再前往翻转站。相反，如果你想引入新主题，最好将翻转站置于循环内部。下面我们将详细解释这两种选择。

循环内的翻转站

引入新内容时，将翻转站置于循环内是个好主意。你可以用不同的方法做到这一点。在循环内使用翻转站的关键在于，其内容独立于你期望学生在练习站中所做的工作，或与之互补。不要使用这种配置执行任何相互依赖的任务。

举个例子，图5.6中的循环由2个翻转站、3个练习站组成。假设一位科学教师正在向学生演示水循环。她设计了3个工作站，每个工作站的任务各不相同：

工作站1：水循环图的创建

工作站2：水循环描述工作表

工作站3：水循环在线游戏

其他任务包括小测、应用程序、玻璃容器等。在这里，学生们展示了他们对水循环的掌握情况。

在我们的例子中，学生可以从任何工作站开始。我们有两个翻转站独立于或补充了水循环这一主题，这样一来，工作站轮换就可以顺利进行。学生不需要使用翻转站中的内容来完成练习站中的活动，但翻转站内容有助于他们对该主题有更深的理解。本课中拥有独立内容的翻转站可作为对接下来要学习的新主题的解释补充。此外，至于包含互补内容的翻转站，它可以呈现有关水循环的趣闻。

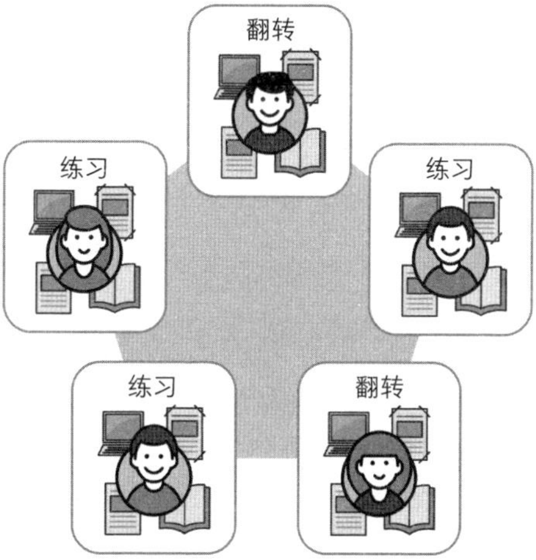

图5.6　循环课内翻转（包含循环内的翻转站）

在另一示例中，新内容循环设置可以只包含囊括问责活动的翻转站（见图5.7）。

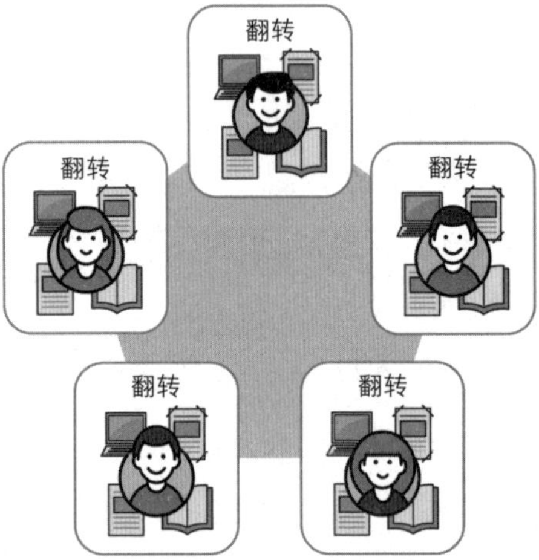

图5.7　循环课内翻转（只包含翻转站）

在语言教学课上，卡罗莱娜希望学生能学习如何通过不同的教学方法教授英语。她设计了4个工作站（见表5.1）。

表5.1　4个工作站

工作站	内容	活动介绍
1号工作站	使用掩蔽教学观察模式[①]（SIOP）。	观看视频示例，学习SIOP模型是如何授课的。
2号工作站	通过课语整合式学习（CLIL）教学。	通过拼图式阅读，了解定义及不同组成部分。
3号工作站	如何使用CBI（基于内容的教学法）教学。	观看关于模型的视频讲座并做笔记。
4号工作站	课程计划示例。	分析不同的教案格式，确定三者之间的异同。

我们现在已经了解了循环配置是如何与循环内的翻转站一起工作的。现在，让我们看看它是如何与循环外的翻转站一起工作的。

循环外的翻转站

当学生对课程内容有了一定的了解后，在循环外使用翻转站规划课程就变得很理想了（见图5.8）。这种配置非常适合在复习时或刚讲完新内容后使用。你可将学生分配到各工作站进行每项活动，直到最终回到原点。使用计时器是控制轮换时间的好方法。

根据学生先前对内容的了解，你将决定是在循环内还是在循环外使用翻转站。练习站的活动将以翻转站内容为基础。如果学生已在上节课中学习了内容或已经做了作业，那么循环外翻转站的作用就在于提示学生，帮助学生复习知识。

如果学生错过了上节课的内容或没做家庭作业，那么循环外的翻转站将帮助他们完成循环内的活动，这一点有助于你实现差异化教学。

循环课内翻转中的独立站

同有序课内翻转一样，在循环配置中囊括一个独立站对于成绩优异的学生来说有积极意义。独立站为学生提供额外的活动，以便他们在完成循环内活动后继续学习，因此独立站将始终位于循环外。有关独立站的想法可能包括游戏、总结活动（写作或涂鸦）、动手创造型任务等。

如你所见，根据不同的需求和学习目标，这类课内翻转有很多可能性。

---

① 美国专为非母语英语教学开发出来的一个高质量教学模式，即教师使用简单易懂的英语讲授数学、地理等学科课程，从而在传授课程知识的同时，提高学生的英语语言水平。

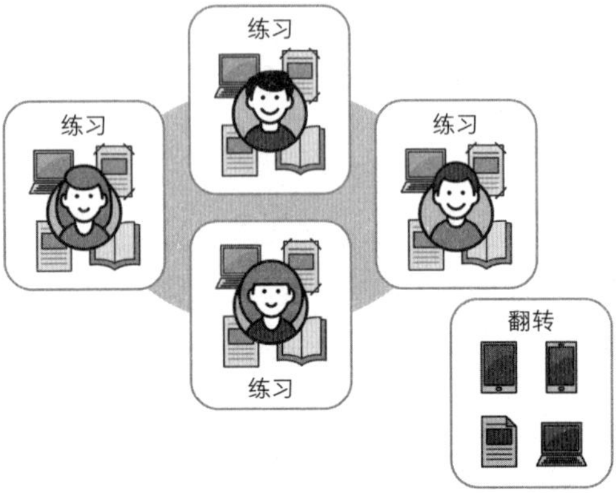

图5.8　循环课内翻转（包含循环外的翻转站）

图5.9是一个平面示意图，其中有两个循环外的翻转站，还有4个练习站。此配置有两种不同类型的翻转内容。

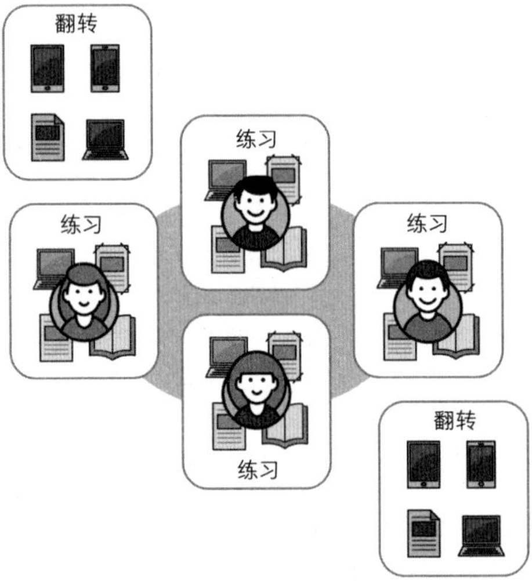

图5.9　循环站配置

循环站提示

- 循环配置有助于复习、回顾内容。
- 计时的站间轮换适用于循环内的翻转站。
- 当翻转站位于循环外时，学生可随时访问翻转站。
- 根据复杂程度设计活动，使学生可以在任一工作站学习，而无须考虑从哪一工作站开始。
- 在没有时间限制的情况下，可为成绩优异的学生提供独立站。
- 在循环外设置独立站。
- 应始终在循环外包含一个反馈站。

混合式翻转

混合式翻转配置适用于学生背景知识不同的混合型班级（见图5.10）。这类翻转灵活性强，选择多，方便你提供差异化教学。有的时候，一些学生已经掌握了课上教授的内容，但其他学生仍需教师的辅导。如果你的班级也出现了这类情况，可以试试这种翻转。此外，需要处理多种概念时，此配置也是一个不错的选择。

这种配置方便学生按照自己的步调学习，自主决定学习方向。落后的学生可以赶上，领先的学生可以继续前进。

混合式课内翻转需要翻转站、练习站和独立站。“需要指导的学生可以从翻转站开始，已经掌握的学生可以跳过翻转站，从练习站开始”。此外，学生在各工作站之间的轮换有助于学习交流。独立站可为学生提供更多的学习机会。当练习站没有空位时，他们就可以在独立站工作。

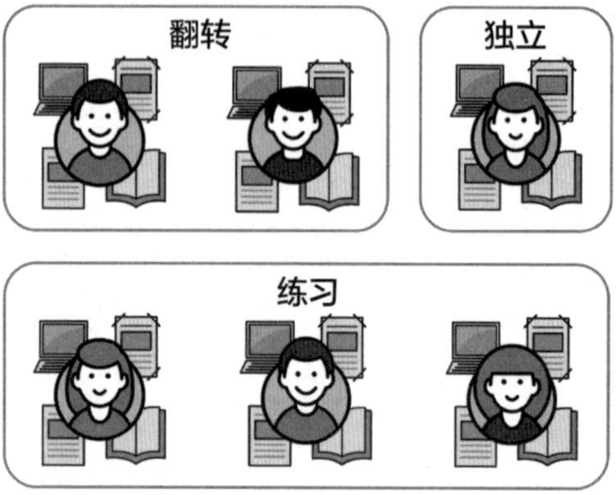

图5.10　混合式课内翻转

学生数量、空间和教学目标不同，工作站数量也需要有所不同。请记住，“有的学生可能了解某一翻转站的内容，却不知另一翻转站的内容；有些学生可能需要再次复习。不同学生的流程顺序会根据其自身知识、需求的变化而变化”。

玛莎为英语口语课的24名大学生设计了一种混合机制。他们正在学习规则动词过去时（以/t/、/d/和/ed/结尾，如worked，lived，wanted）、以s结尾（带有/s/、/z/和/iz/）如何发音。学生们的口语水平不尽相同：有些学生之前学过语言，语言水平较高（他们来自双语学校，部分还在国外住过一段时间）；更多学生的英语水平较低（他们的英语大部分都是在大学里学的）。你可以想象，这节课对一些人来说很重要，但对其他人来说没那么重要。

此外，玛莎发现一些学生不太会用过去式，这个语法知识点太陈旧了，不在她的教学大纲中。那如何设计课程来满足学生的不同需求呢？她计划在课堂上展开7个工作站的混合翻转（见图5.11），以此解决发音问题和语法问题。在本例中，工作站被编为1—7号，但我们建议用名称而非数字来一目了然地点明工作站的主题。

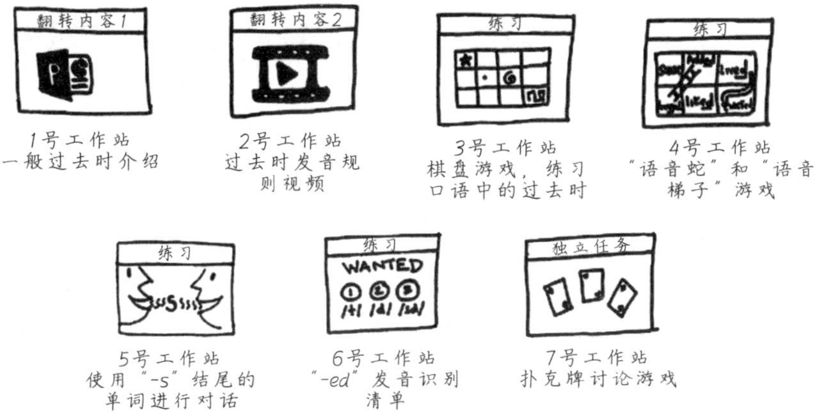

图 5.11　为讲解发音设计的混合式课内翻转

让我们仔细看看。1、2号工作站是翻转站，介绍过去时和发音规则。1号工作站用幻灯片进行讲解，2号工作站通过一段在线视频，介绍规则动词的过去时发音规则（见图5.11）。3、4、6号工作站是练习站，为学生提供附带答案的练习题，供他们自行检查。

5号工作站也是练习站，站内进行了一次口语练习活动，并提供了一张附有发音规则的迷你海报作为参考。7号工作站是独立站，提供了一个讨论卡游戏，在站点轮换中没有任何先决条件。这样一来，玛莎确保了3个主题的复习，学生可以根据需要选择学习方向。

在计划这节课的时候，玛莎想知道如果学生们不确定自己的学习方向，会发生什么。有何对策？清单见图5.12。为了提供组织和选择，玛莎给学生们列了一份清单，标明他们需要前往的工作站。在这种特殊的配置中，学生们无法在80分钟的课堂时间内完成所有的工作站内容，但玛莎鼓励学生们在课上至少参与4个工作站活动。这样一来，学生们就没有完成全部任务的压力，能够按照自己的节奏工作和学习。

工作站工作清单			
名称			
1		一般过去时的幻灯片介绍（可选）	
2		视频讲解规则动词的过去时发音规则（可选）	
3		过去时口语练习：棋盘游戏	
4		“语音蛇”和“语音梯子”游戏	
5		使用“-s”结尾的单词进行对话	✓
6	/d/ /t/ /ld/	“-ed”发音识别清单	
7		扑克牌讨论游戏（可选）	

图5.12　学生课内翻转发音自检清单

在计划混合式课内翻转时，你可能需要考虑以下几个方面：

- 如果你只给学生提供少数几个工作站，设计活动时要确保学生不会错过其他工作站。
- 工作站越多，学生练习、巩固的知识就越多。
- 了解学生，设计他们喜欢、需要的工作站活动。
- 给工作站编号或贴标签，方便学生识别。

混合站提示

- 给学生一份工作站清单，方便他们查找、访问工作站。
- 为学生提供一份答案，方便他们自主检查自己对知识的掌握程度。
- 设置的工作站数量要超过学生能在一节课中所完成的工作站数量。
- 独立站是这种配置的理想选择。
- 为工作站编号或命名，以便于学生轮换。
- 设置一个反馈站。

教学焦点

杰夫·马戈托是美国俄勒冈州尤金市俄勒冈大学的计算机辅助语言学习教师。杰夫指导的研究生也是教师，因此，他有一个重要的使命——在自己的课堂上建立最佳实践模式。和许多人一样，他在寻找一种不依赖课外作业的另类教学法。课内翻转是如何促进和激发学生的主动性和自主性的？对于这一点，杰夫很感兴趣。

杰夫尝试过不同形式的课内翻转。在“谈论巴西天气”的教师培训课上，他为多语言教师设计了一次课内翻转（这些教师既不会说也没学过葡萄牙语，但有一定的西班牙语背景）。课堂上，杰夫使用了混合配置，提供了多种选择，但在“人群控制”方面却不太理想。1—3号工作站涉及低阶思维技能任务和所需技术，部分学员被吸引至此。杰夫表示：“学员们并没有足够的便利和技术去参与所有工作站，因此他们选择只在最容易的工作站工作。”如果可以改变配置，杰夫会使用一个重复序列，这将解决某些工作站学员过多的问题。

杰夫认为课内翻转有如下好处：

1.将翻转学习的“时空”转变到新方向。

2.支持并行、线性的学习体验。

3.工作站既可结构化，也可非结构化；既简单又富有挑战；既可应用技术也可不依赖技术。

4.教师、学员重新发现个性化学习的动力。

5.鼓励实验——在大厅、院子和相邻教室里创建工作站。

评估，尤其是形成性评估，是学习过程中必不可少的一部分。

对半翻转

如果你的课程满足以下任一条件，请使用对半配置：

1. 辅导是必要的。

2. 学生的学习水平不同。

3. 教师的支持是必要的。

在此配置中，你将整组分为两大工作站——翻转站和教师支持站（见图5.13）。在这里，教师的角色是给半数学生提供指导、反馈和个性化支持；另一半学生则在学习翻转内容。时间一到，两组交换。这样，教师在下课前就能辅导、支持整个班级。值得注意的是，小组轮换取决于学生的具体需求。

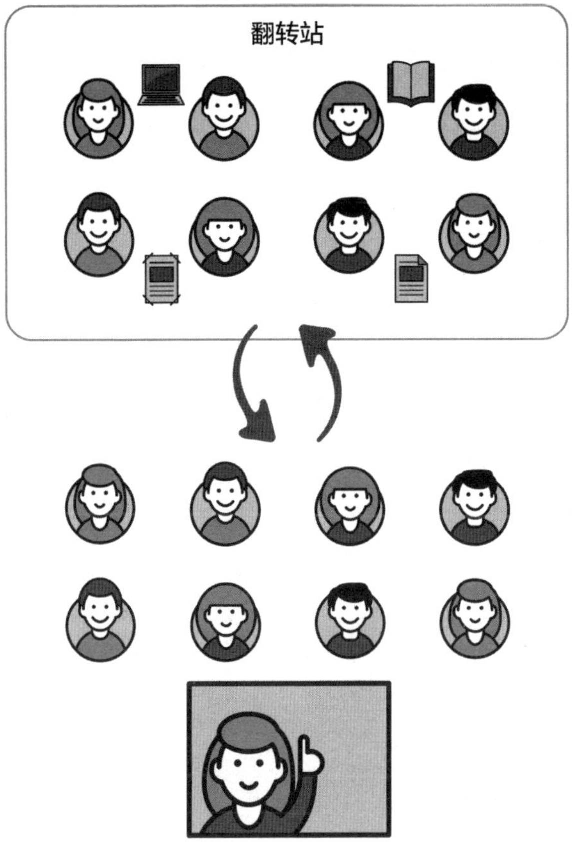

图5.13　对半配置

你可以为新内容的学习或复习设计这类翻转。我们已在小型的语言学习、内容课程中使用了这种配置。

兰迪·布朗是美国华盛顿州门罗市门罗学区的一名教师，在三年级数学课上成功应用了对半配置。

对兰迪来说，这种配置的主要好处在于，无论班上有多少学生，它都能将教师与学生的比率降低至50%。教师助手可实现这种配置的效益最大化。

对半配置在小组学习空间中有一些有趣的用途，如同伴指导、课内辅导和反馈。你能想到其他的吗？你对如何使用此配置感兴趣吗？我们可以为你介绍一下。

教学焦点

兰迪·布朗是美国华盛顿州门罗市门罗学区的一名教师，他通过课内翻转将他的数学上的教师与学生比率降低至50%。多年来，兰迪·布朗制作了100多个数学教学视频。在他的课上，一半学生观看数学视频，另一半则与他进行一对一指导练习活动。随后两组交换。

对兰迪来说，对半配置有诸多好处：

- 有助于消除行为问题。
- 提供宝贵的一对一辅导课程。
- 学生可根据需要反复观看视频内容。
- 家长可以在家观看视频、辅导孩子。
- 缺课的学生不会错过任何内容。

兰迪与大家分享了他实施对半翻转的最佳实践：

- 自行制作高质量视频。
- 运用出色的课堂管理技能，使50%独立学习的学生保持专注。
- 全神贯注地陪伴学习困难的学生。
- 每天给家长分享视频并发送电子邮件，以防学生的作业弄丢。

使用对半翻转展开同伴指导

课堂上的对半翻转配置是如何促进同伴指导的呢？对学生而言，同伴指导是个有趣的挑战。向别人解释概念时，学生们对概念的理解会更为透彻。帮助同伴理解的同时，学生们也能更深入地学习知识。我们在案例中要求学生相互教授语言知识，这里的同伴指导法与如下马祖尔的方法有所不同。语言学习没有对错之分，将其应用于课内翻转，我们就为同伴指导制定了自己的规则。

在马祖尔的设想中，他提出问题（多选或是非题）并将其投射到幕布上，然后学生们作答。老师希望正确率能达到50%，这样同伴指导才能成功。作答完毕后，学生们就问题的答案展开讨论，并试图说服其他同学。讨论结束后，老师再问一个类似的问题，希望回答的准确性能得以提高，然后再次重复这一过程。

在我们的案例中，我们不提问，而是指定一个主题，并在课上为学生提供学习、理解的资源。在这一阶段，教师可以在学生学习时提供指导与支持。接下来，学生们互助合作，互相教授知识。一半的学生相互教授内容，另一半学生与老师一起理解现有的信息。然后双方互换。

互换结束后，老师进行提问，以此确保每个学生都理解主题。最后，学生们都回到对半配置。这一次，一组学生完成指定任务，另一组学生完成其他任务，老师可以提供帮助。这种对半翻转和同伴指导给我们带来了一种有趣的方法。你觉得这种方法在当下的情境中可行吗？

无论是对半配置还是其他方式，同伴指导都能协助教师为学生创造更好的学习体验。

分组辅导

同质班级（所有学生都处于同等学习水平）的情况比较少见。在大多数课堂中，学生的水平是多层次的，因此同时满足所有学生的要求是很困难的。对半翻转将课堂分成两组，以便老师辅导有需要的学生。与此同时，另一组学生独立学习，然后两组互换。有了这一策略，老师就可以随时帮助那些需要帮助的人。

打个比方，在你的课上，一部分学生已经掌握了所教内容，但其他学生仍未掌握。这种情况下，你可根据教学意图，使用对半配置展开不同的练习。配置的具体情况将由你是想要复习还是引入新内容决定。

在复习课上，你可利用翻转站向学习速度较快的小组传授知识，花更多时间帮助有困难的学生。你可根据需要辅导的学生人数及课程时长切换小组。你可把整节课都留给低水平的学生，而让高水平学生继续自行复习。你可与低水平学生一起解决问题，提供一对一反馈、分配实践活动。

对于跟上进度的学生，你可以给他们提供新的学习内容，并在他们应用所学时进行监督、提供帮助。请注意，如果你计划用一整节课辅导一半的学生，那么翻转站就需要提供让学生自主学习的活动。此外，还要注意课程内容与课堂时间相匹配。

回到复习课上，两组交换，刚才接受辅导的学生将在翻转站复习，而老师则与高水平组学生一起学习。与高水平组相比，低水平组学生需要更高水平的支持。根据学习水平高低进行区分是个不错的选择，但这并不意味着翻转站会按复杂程度划分不同等级。

想象一下，同组学生上了一节有关新内容的课程。假设你在教与动词“to be”相关的知识点。一半学生在努力理解be的否定形式（isn' t，aren' t，am not），但另一半人已经掌握了知识，可以继续往下进行疑问句的学习。在对半翻转中，可用不同方式区分不同学习内容。一种方法是让一半学生继续学习，另一半学生继续复习。另一种方法是让一半学生跟教师学习新主题，另一半学生用翻转内容独立完成。教师辅导和提供支持的方式各不相同。

对半工作站提示

- 为自学者制定清晰、自主、架构良好的任务。自主学习的学生更需要对学习内容清晰明了。教师与另一小组一起时，无法为这一小组提供指导。
- 当教师不在场时，工作站内的个人、小组工作应有明确的结果。
- 计划如何将学生分组与你一起工作。
- 为学生安排明确的任务。
- 让父母参与其中是个好主意。你可以把视频发给父母，让他们通过观看视频帮助孩子完成作业（如果可行的话）。

设计工作站课内翻转包括组织工作和对细节的观察。优质课内翻转课程对工作站有如下几点要求：

- 满足学生需求。
- 有明确的教学目标。
- 有明确的学习目的，从而实现教学目标。

考虑到每节课都需花费大量时间准备，要避免每节课都有工作站工作。此外，多样化的教学有助于形成充满活力、以学生为中心的课堂。如果仍不想待在教室中心，你可以多设计些现场（无工作站）课内翻转，而不必每次都把教室弄个底朝天。

思考

想一想你目前的教学情况：你明天可以使用哪种类型的工作站配置？

世界各地的课内翻转

我整个九年级的科学课一直在实践课内翻转。我有一个关于学习管理系统的视频课程，还有一个包含视频前、视频后问题、练习和实验的练习册。该练习册还包含为每个视频编写康奈尔笔记[①]的模板。学生们按自己的节奏学习。一上课，他们就打开练习册和学习管理系统，找到所学内容的位置开始学习。每节课我都在教室里来回走动，与每位学生互动。我会检查学生在课上的学习进度、笔记质量、答案正误，找到错误、回答问题、重新讲解概念、鼓励学生。学生们准备好了就开始做实验。每周我都会布置一些自我评分的测试，考查他们的掌握情况。

——**史蒂夫 · 格里菲斯**，澳大利亚昆士兰布里斯班的一名化学教师

① 康奈尔笔记系统是沃尔特 · 鲍克（Walter Pauk）等人发明的，旨在帮助学生有效地做笔记。

第6章

利用课内翻转实现差异化教学

本章涉及国际教育技术协会的几大标准：

2.1 学习者

通过向他人学习、与他人合作，教育工作者探索已被证实的且有前景的实践，从而不断完善自身实践，利用技术提高学生的学习能力。教育工作者将：

- 设定专业学习目标，摸索、应用依靠技术优势形成的教学方法，并反思其效用。
- 关注有关改善学习成果的研究，包括学习科学的发现。

2.2 领导者

教育工作者寻求领导机会，鼓励学生参与课堂、取得成功，致力于改善教学水平。教育工作者将：

- 倡导在教育技术、数字内容、学习机会方面实现人人平等，满足所有学生的多样化需求。

2.4 合作者

教育工作者与同事、学生合作，改进实践，发现新资源，分享新灵感并解决问题。教育工作者将：

- 与学生合作、共同学习，发现、使用新数字资源，诊断并解决技术问题。
- 使用协作工具，与国内外专家、团队、学生线上交流，丰富学生的真实学习体验。

2.5 设计师

教育工作者设计真实的、学习者驱动的活动和环境，从而认清并适应学习者的可变性。教育工作者将：

- 利用技术创造、调整、打造个性化学习体验，以此推进自主学习，适应学习者之间的差异和需求。

2.7　分析师

教育工作者理解并使用数据来推动教学，帮助学生实现学习目标。教育工作者将：

- 利用技术为学生提供多种展示能力、反思学习成果的方式。
- 为适应学习者需求，利用技术设计、实施多种形成性评价和总结性评估、及时向学生提供反馈，并为教学提供信息。

课内翻转促使我们制订计划、解决问题、发挥创造力、时刻关注学生，并与每位学生建立联系，从而提高了我们的教学水平。教师可以利用课内翻转促成有意义、差异化的主动学习。试一试，你不会后悔的。

好老师总是在寻找策略和技巧，为了让学生学习起来更容易些——这也是我们最初发现翻转学习和课内翻转的原因所在。即便如此，为所有人提供有意义的学习体验仿佛是一场史诗般的战斗，其背后的原因包括教学内容的数量、标准化测试和大教室等；此外，学生的背景、兴趣和水平差异也起到一定作用。

差异化教学

教师会使用多种策略来帮助学生克服困难，创造最佳学习环境；差异化教学和翻转学习只是其中之二。课内翻转轻轻松松就能实现翻转学习和差异化教学的无缝衔接。这种衔接为小组学习提供了充足的时间，使学习效果上升至新的水平，对所有学生都有益处。在课内翻转过程中，学生是课堂的中心，教师则作为学习促进者和课堂设计者，为学生提供持久且有意义的学习体验。

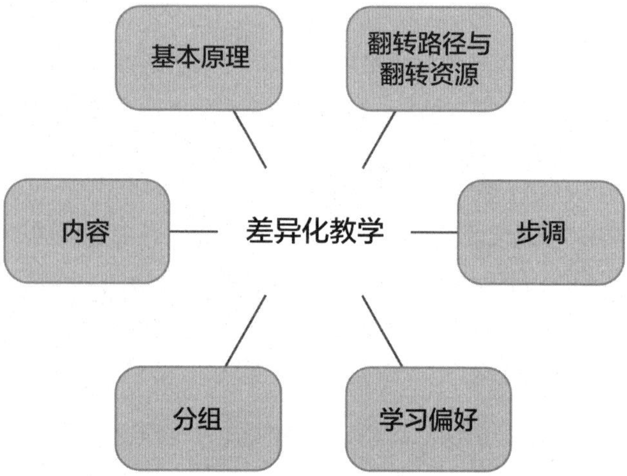

图6.1　差异化教学

基本原则

差异化教学并不新鲜，旨在应对学生差异，为每个人提供有意义的学习体验。差异化教学的先驱卡罗尔·汤姆林森（Carol Tomlinson）曾表示，“差异化教学是一种为满足个人需求所设计的个性化教学方式”。

这与翻转学习网络（Flipped Learning Network）的观点不谋而合，该观点指出，教师“要开展差异化教学，让每位学生都能获取相关知识”。你可以设计一个差异化教学的课堂，作为课内翻转的一部分。我们将在以下几节展示具体操作方法。

在卡罗尔·汤姆林森的差异化教学模型中，教学内容、成果、过程和学习环境四要素可进行差异化设计。让我们根据汤姆林森的描述来作一分析：

- 内容是“学生为达到学习目标而努力获取的信息和想法”；
- 过程与“学生如何吸收、理解内容”相关；
- 结果是“学生如何展示他们知道、理解和能够做的事情”；
- 学习环境是“课堂氛围与基调”。

在传统的教学模式中，想要融入这些要素并不总是容易的。

如果教师站在讲台前讲课，又如何为学生提供获取知识、展示所学的多种方式呢？乔恩·伯格曼在“翻转学习3.0差异化策略”课程中提到，“我们需要改变教学方式的基本结构”。实行翻转课堂，我们才能真正满足学生的不同需求和兴趣；改变教学方式，才能真正做到与众不同。

差异化教学和翻转学习

毫无疑问，翻转学习和差异化教学是一对好搭档。翻转学习为差异化教学铺平道路，让教师腾出课上时间应用各式学习策略；此外，在翻转学习过程中，教师更易将学生作为个体对待，更好把握学生的学习过程、理解水平、兴趣、偏好和个性。课内翻转创造了学习空间、提供了教学机会，让每堂课都能有所不同。

其他人也看到了这种联系。卡博（Carbaugh）和杜贝特（Doubet）在《差异化翻转课堂》（*The Differentiated Flipped Classroom*）一书中将这种关系描述为“两种模式之间的逻辑协同；翻转环境极为灵活，提供了丰富的机会来包容多样性”；翻转学习可以创造“一个鼓励差异化教学的环境”。在今天的课堂上，差异化教学至关重要，而课内翻转将其变为现实。

课内翻转可以不局限于教学内容、结果和过程。方式、资源、速度、学习偏好、分组、内容、选择、反馈、学生支持和控制力等都可进行差异化设计。接下来我们将借鉴成功教师的经验，学习如何通过课内翻转实现差异化教学。

方式与资源

就像世界各地的学生一样，教室也有很大的不同。有些学校资源十分丰富，基础设施极为健全、图书馆藏书量庞大。其他学校可能不具备这些条件。即便如此，两者都可优先考虑有意义的学习体验。通过课内翻转，教师可以在经济条件和资源匮乏的情况下展开差异化教学。

在计划课程时，教师必须决定讲授什么内容、完成什么任务。传统课堂要求每个学生必须以相同的方式在同一时间获取学习内容，且必须完成相同的任务。这样一来，成绩差的学生或学习有困难的学生在学习过程中困难重重，而成绩好的学生却觉得十分无聊。在课内翻转过程中，教师可以在教室墙上添加各种资源和各类学习方式，以便学生根据个人偏好来获取知识。

教师可以使用不同的电子设备（如智能手机、平板电脑、笔记本电脑等）和非电子设备（如图书、工作表、论文、烧杯、模型、蓝图等），确保每个学生都能根据个人偏好来获取知识。如果教师不是课堂的中心，不是唯一的知识来源，那么学生就可以有更多的自由，以自己的方式获取知识。

以洛佩斯老师的课内翻转计划为例。在讲授行星这一主题时，洛佩斯老师需要将科学概念和语言艺术结合起来。他的教室很小，可用资源也极为有限，只有一本百科全书、一部智能手机、一台平板电脑及教室里的演示台（头顶上的投影仪）。他计划让学生围绕这一主题展开研究，还想向学生推荐一些出乎他们意料的资源。此外，他还希望学生能展示他们对行星名称、特征及其在太阳系中的位置顺序的认知。一节课只有45分钟，他是如何完成这些任务的呢？他设计了一次课内翻转！

在计划中，洛佩斯老师给学生们提供了一个他在网上找到的视频（内容是一首关于行星的说唱歌曲）；他还发现了一本很有意思的书《太空生活》（*Life in Space*），书中对每个行星都有简短的解释。通过在网络上搜索"行星"这一话题，他找到了大量的免费习题，并计划选用3套来帮助自己实现课程目标。洛佩斯老师关于行星的演示非常有趣，历届学生都很喜欢他制作的"行星"幻灯片，所以今年他也想继续使用。当然，他必须使用指定的教科书，因为教科书是学生家长花钱买的，如果家长看到他使用外部材料，他的日子就没那么好过了。

利用课内翻转，洛佩斯老师的课程可以分工作站组织，每个工作站以不同模式呈现相同的内容，让学生选择最适合自己的风格。洛佩斯老师可以稍作调整，保证学生获得的资源有助于差异化教学。例如，他可以按照难度大小调整习题，让每个学生学习符合其现有水平的内容；还可以决定是否每个学生都必须体验工作站模式、是否有多种方法能实现课程目标。在课内翻转中，当你根据学生的需求规划活动和资源时，就能创造出与众不同的学习体验。

思考

画出你设想的洛佩斯老师的课内翻转配置。你需要考虑到上文提及的材料，别忘了他有3个在学习英语方面很有困难的学生。

步调

理解、内化概念的过程因学生而异。不幸的是，有些一刀切的教育体系忽视了学生在学习步调方面的差异，这让学生在严格、高标准课程中按自己的节奏学习异常艰巨。通过课内翻转，教师可以区分学生学习的速度。你可以在每节课中展开教学，同时学生也能享受自主学习的乐趣。

以科尔伯特（Colbert）老师为例。科尔伯特老师教三年级数学。她正在研究文字题及位置/价值的概念。尽管60%的学生能轻松理解数学概念，仍有约40%的学生在做加减法时很吃力。科尔伯特老师想实现差异化教学，却不知该怎么做。科尔伯特老师针对新教学主题制作了一系列教学视频，但她担心如果让学生们自行观看，他们难免有不懂的地方。于是她决定实践课内翻转。

她把班级分成两部分，把视频给一半的学生看，然后和剩下的学生坐在一起，检查他们对加减法的理解、掌握程度。接下来她将两组学生配对，让观看视频的学生向其他学生解释新概念。这样，看视频的学生就要对他们看视频时的学习负责，被教师指导的学生也能接触到新概念。然后，科尔伯特老师面向全体学生设计了一项活动，让他们应用新概念，巩固对知识的理解。结果如何？学生们都在跟随自己的节奏充分理解不同的主题。

思考

在步调方面什么最复杂？什么题目会让学生在不同水平上挣扎？课内翻转对你有什么帮助？

学习偏好

多年来，教师们一直试图在学习过程中考虑学生的学习偏好。然而，几年前，神经科学领域就“学习方式”一词展开了一场有趣的辩论，其对教育的影响也随之显现，让全世界的教育工作者都目瞪口呆。

这场辩论表明，一味迎合不同的学习风格（视觉、听觉和动觉），教师可能会伤害学生，而不是更好地服务他们。文章指出，教师可能会剥夺学生的机会，让他们无法接触更有效的学习策略。尽管我们了解也赞同这一争论，但不可否认的是，在选择使用材料方面学生有强烈的偏好。因此，为他们提供多种学习工具是很重要的。

在计划课程时，提供不同种类的教材是重要且有益的。文本、音频、视频、桌游、任务、实验设备、地球仪、地图、球网、球拍等可以满足学生的兴趣和需求。我们不想给学生贴标签，只给他们一种获取信息的方式。我们想要设计不同类型的活动，让所有学生在整个课程中都有参与感。从一开始就特别关注学生的差异化需求，我们可以为每个学生提供其感兴趣的学习体验，帮助他们更好地掌控自己的学习过程。

有时，学生会把注意力集中在完成他们所得到的任务上。他们之所以这样做，并非是因为他们觉得自己能从这些任务中有所收获，而是因为这些任务是由老师布置的，自己必须按照老师的要求去做。在课内翻转环境中，学生的选择对于实现高水平参与和深度学习至关重要。教师将学生感兴趣的资源融入课堂，培养出有能力、有动力的学习者。

以丹蒂奇（Dentici）老师的经历为例。丹蒂奇老师在意大利南部一所乡村学校教授七年级的艺术课程。班级内共有26名学生。她打算通过讲授希腊神话向学生展示不同的艺术表现形式。考虑到学生的学习偏好不同，她打算使用工作站实现课内翻转。

首先，丹蒂奇老师让学生们在周末观看一部关于希腊神话的电影，如《大力神》(*The Legend of Hercules*)、《波西·杰克逊与神火之盗》(*Percy Jackson & the Olympians: The Lightning Thief*)、《诸神之战》(*Clash of the Titans*)、《诸神之怒》(*Wrath of the Titans*)和《特洛伊》(*Troy*)等。她要求学生们观看自己所选的电影，记下主要的场景特征、船只和马车的使用、女性角色，并选择他们最喜欢的神话人物。学生们对周末的任务很感兴趣。对学生们是否会在下周一完成任务，丹蒂奇老师持怀疑态度。为了以防万一，她准备了一个观看《大力神》(迪士尼版)片段的工作站。到了周一，她发现大多数学生都看了电影，因为这项预习活动太有意思了。丹蒂奇老师准备了5个工作站，其中3个是“传统艺术”工作站，另外两个是“另类艺术”工作站。在传统艺术工作站，学生可以选择绘画或雕刻自己最喜欢的神话人物。在另类艺术工作站，学生们可以画漫画，写俳句，或用她带来的道具录视频。同学们对活动表现出了极大的兴趣，积极参与其中。

有了课内翻转，丹蒂奇老师就有时间在学生的工作站中与他们讨论不同的艺术技巧。她为每个工作站准备了一份讲义，其中包括：

- 每种艺术表现形式所使用的主要材料；
- 每种艺术形式代表人物的简短传记；
- 对素描、雕塑、油画、漫画、诗歌和视频制作历史的简要回顾。

丹蒂奇老师把艺术项目的材料锁在一个箱子里。为解锁箱子，学生们必须与同站的其他人分享讲义信息。学生们玩得很开心，他们不仅学习了不同的艺术形式，还有机会用不同的艺术形式展示自己最喜欢的希腊神话人物。

思考

如何利用学生在风格、材料方面的学习偏好来设计更有趣的课程?

分组

不论教学环境如何，分组方式都可以决定课程效果。一些学生喜欢和好朋友一起工作，因为他们和其他同学相处不好。我们曾经遇到过这样的情况，小组中并非所有学生都在完成任务。此外，课堂上也发生过欺凌事件。

受到年龄、文化背景等因素影响，分组会影响课程效果。因此，科学分组也是我们教学的一部分。课内翻转让我们探索了许多学习方法。更重要的是，我们对学生的互动方式、理解水平、兴趣和学习节奏有了更广泛的认识，这都是教师监督、师生持续互动的结果。

不同作者有不同的灵活分组方法，但他们往往会得出相同的结论——以不同的方式将学生分组对学生及其学习过程都是有益的。例如，卡博和杜贝特在《差异化翻转课堂》一书中将灵活分组定义为“在相对较短的时间内使用多种分组策略”。更简单地说，考克斯（Cox）将其描述为“将学生分组进行教学的一系列活动”。

我们还需要考虑到学生在上课期间的不同组织。例如，卡罗琳·科伊尔（Carolyn Coil）认为分组可以是同质的、异质的、以整个班级为单位的、个人的或成对的。当你把学生分组纳入日常计划时，差异化教学也应运而生。学生偏好、水平、兴趣、友谊、性别和个性等变量可以帮助你丰富群组信息。灵活分组的最大好处在于它“让学习者习惯于与班上几乎所有人一起学习”。灵活分组能培养学生的社交技能、巩固学生之间的关系、促进他们合作学习。

让我们看看灵活分组如何以不同的方式发挥作用。如果你在教室中创造了安全且无压力的环境，那么随机分组是有效的。和老师与小组相处融洽、对自己的能力感到满意的学生不会介意和谁一起工作，而是会专注于完成工作。

教师可以在不同的课堂上使用的随机方法有：

- 让学生连续数数，将拥有相同数字的学生分为一组。你可以借助颜色、动物、词汇、表达方式等来完成这项任务。
- 使用彩色纸片、冰棒、配对卡片或不同类型的糖果。

课内翻转允许在同一堂课上出现不同分组。记住这一点，教师可以考虑如何、何时需要学生展开小组合作。科伊尔建议改变分组方式。因此，如果可行的话，一节课应该包括个人活动、结对活动和小组活动。

思考

你如何给学生分组？灵活分组是如何帮助你实现差异化教学的？

内容

翻转学习和差异化教学的一个交汇点是内容。在翻转环境中，你会故意保留内容。在差异化教学中，你会根据学生需求的变化而改变内容。但在这两种方法中，内容在满足学生在学习过程中所处的位置方面起关键作用。在课内翻转过程中，我们可自行构建分层教学。在规划工作站或现场工作时，学生的差异和需求成为规划的主要来源。因此，我们需要保证学生有多种机会接触、应用和吸收内容，而引入修订后的布鲁姆认知分类法，利用其提出的不同思维技能实现这一点。即便是同班同学，学生的认知水平也总是存在差异。我们不能忽视这一差异，不能不考虑学生的情况就笼统地展开计划。

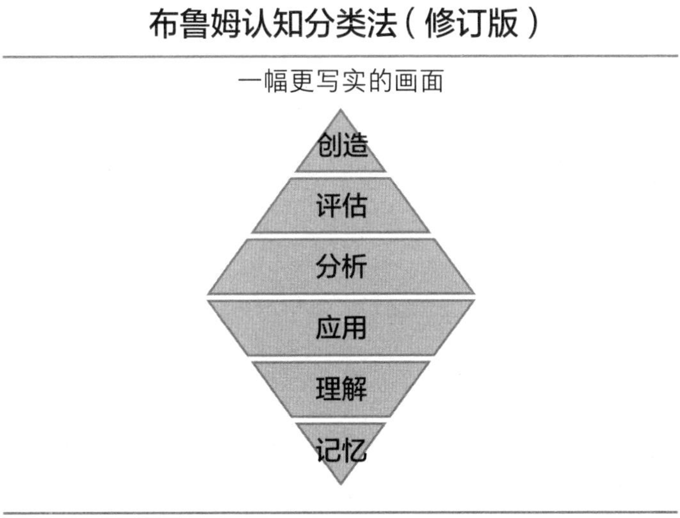

图6.2　布鲁姆菱形分类法

例如，鲍尔（Bauer）老师是巴西一所高中的社会研究教师。她在一所双语学校用英语授课。然而，班上24名学生的课前准备水平、自身技能水平不尽相同。她所在的学校采用课语整合式学习法。该方法帮助学生熟悉他们在内容课和英语课上所学的语言。鲍尔老师通过在学年开始时进行的诊断性测试来确定学生的水平；因此，她非常清楚学生在语言和内容方面遇到了何种困难。学生的需求和内容差距各不相同，但正是意识到了这一点，她能够调整教学，以适应每位学生的需要。

当然，这并不意味着她每天都要安排24节不同的课。但了解学生的不同水平有助于鲍尔老师满足他们的需求。设计课内翻转的同时，鲍尔老师还为学习有困难的学生建立了一个课堂辅导系统，由学生导师在课堂活动中为这类学生提供帮助。她还根据布鲁姆认知分类法准备了不同的工作站，进行分层教学。她把班级分成6个工作站（每站代表一种思维技能）。每天她都会让学生选择他们觉得最舒服的活动类型；然而，她也会鼓励学生跳一跳，尝试些稍有挑战的活动。在鲍尔老师的课堂上，学生是自主的，他们已经学会思考自身优劣势的价值。

例如，现在她正教授拉丁美洲历史人物及其传记。她准备了两种词汇活动，并在低级思维能力工作站分配阅读材料。对于高级思维能力工作站，她想到利用技术开展活动。她希望学生能在分析信息的同时展开生产和创造。鲍尔老师的工作站规划图见图6.3。在计划活动和资源时，鲍尔老师参考了布鲁姆认知分类法，实现了不同水平的学习者的教学分层。

围绕布鲁姆认知分类法设计活动，鲍尔老师确保了低级思维能力活动和高级思维能力活动并存。课程难度逐步增加，学生们也尽可能地深入学习。此外，通过融合数字和模拟工具，鲍尔老师对不同教学方法和风格做出了差异化处理，根据学生的喜好提供了多样化内容。

图6.3　围绕布鲁姆认知分类法设计的工作站活动

思考

如何利用布鲁姆认知分类法来选择、创造适合所有学生需求和水平的教学内容？

选择

当你通过课内翻转活动为学生提供选择时，差异化就产生了；一种方法是使用某种学习路线或路径，让学生在学习中找到方向感；另一种方法是提供多个学习选择。要实现真正的自主，学生必须自己做出选择，之后我们再加以引导。通过精心编排、整理提供给学生的选择，教师能给他们一种自由的感觉。你不想让他们迷失在选择的海洋中。路径、学习菜单、选择板和图像组织等选择管理工具都能帮我们组织学习选项。在这些工具的作用下，不同的选择清楚地摆在我们面前，对学生来说并不令人生畏。

学习路线或路径可以是一张清单、一个工作站或一种课堂作业的视觉布局；当然，你也可以通过信息图表或思维导图来展示学习选项。想象一下，同样的教学内容，学生会选择哪些不同路线，并为他们提供一条路径。首次使用混合站轮换配置时，提供学习路径尤其有用。对于那些不习惯自己选择学习步骤的学生，教师可以在其选择学习路径时提出建议，这也能帮助他们尝试在学习中自主做决定。

霍莱茨（Holec）将学习者的自主性定义为“对自己的学习负责”。要真正实现学生自主，只有学习路径是不够的。使用学习路径后的反思对于提高学生对学习中元认知过程的认识至关重要。反思能让学生意识到，他们是在为学习做决定。学习菜单、选择板与学习路径类似，可以帮助学生明确自身需求和偏好。

卡罗尔·卡明斯（Carol Cummings）在《课堂管理的成功策略》（*Winning Strategies for Classroom Management*）一书中提出了一系列活动。她写道，选择有助于保持学生对任务的专注度，这是因为选择能带来兴奋和灵感。活动菜单，也被称为学习菜单，以餐厅菜单的形式为学生提供活动选择。这些活动按照菜单顺序进行（例如，开胃菜、主菜、甜点）。甜点总是最后才上桌。学生可利用学习菜单，设计他们自己的“膳食”组合。学生可以选择参与何种任务，以何种顺序参与其中。活动菜单有助于减少时间和任务限制。图6.4简要介绍了菜单的工作原理。

选择板考虑到了学生在准备情况和兴趣方面的差异。在选择板中，你

学习菜单

开胃菜

吸引学习者的开场活动或热身活动。学习者应当参与其中。

主菜

这些活动是必选项。学习者可按照任意顺序完成任务。

配菜

除主菜外，还有其他活动。学习者需完成特定数量的配菜任务。

甜点

此类活动种类繁多，属于激励活动，可以激发学习者的相关兴趣。它们是非强制性选项。

根据复杂程度，活动可以在老师设定的时间段内完成，不一定在同一天内完成。

图6.4　学习菜单

可以用图表或网格的形式来呈现任务。在创建选择板时，我们考虑到学生所处水平不同，在图表中相应地设置活动。这样一来，学生就能选择最适合自身需求的活动。你可以将选择板设计成网格、宾果游戏或井字棋游戏。学习选择对学生的激励作用着实令人震惊。

卡罗莱娜的课堂存在一个问题——学生不喜欢用课本（嘘，其实她也不喜欢）。因此，当不得不用课本时，她会以选择板的形式设计课程，这样学生就可以选择他们想做的活动。卡罗莱娜把两页课文中的所有活动都写在一张海报上，让学生按照自己的节奏和时间来完成。通常情况下，卡罗莱娜会将其设定为井字棋游戏，把卡片发给学生，让他们画出自己的井字棋网格，并在完成活动时标记出X和O。这种课程改良能在极大程度上激励学生；当学生能自己做决定时，他们会感到备受鼓舞。

若想继续了解如何使用这些策略来为学生提供选择，请参见第8章。

思考

上述选择活动中哪一项更能引起你的共鸣？你如何在计划中包含更多选择？

反馈

无论是在何种教学环境，反馈都是至关重要的。反馈可以让学生了解其学习情况及应采取什么步骤改进学习。同样，学生的反馈给老师提供了有价值的信息。乔治·库罗斯（George Couros）强调了在整个学年中征求学生反馈的重要性；有了反馈，学生才能在同一时期内感受到你教学中的变化。及时反馈是所有学生提高的关键。

此外，反馈与持续的教学反思紧密相连，持续的教学反思是基础读写和计算中心于2014年提出的职业教育者指标。收集学生见解的过程可以让我们更深入地了解他们的思维过程、兴趣和具体需求。高等教育翻转学习专家罗伯特·塔尔伯特（Robert Talbert）强调："在翻转学习环境中，定期获得关于学生学习经历的反馈尤为重要；有了反馈，我们就能了解学生对翻转学习的看法，知道该朝哪个方向改进，并在潜在问题变成严重问题前将其扼杀在摇篮里。”关于差异化翻转，卡博和杜贝特强调，教师需要时不时地从学生那里收集信息，以便及时反馈、改正错误。因此，在以学生为中心的课堂中，学生反馈在优化所有人的学习体验方面起着至关重要的作用。

找准时机进行反馈是一项挑战。对教师而言，大课堂容量和学生的不同水平都是阻碍因素。因此，课内翻转中的不同反馈可以帮助你接触到班上所有的学生。为了收集学生反馈，我们采用了留言条、评论、书面反思和口头反馈等活动。

我们还会以不同的方式为所有学生提供反馈。例如，我们会在课上给学生提供个性化的反馈，或是以整个班级为单位，或是以小组为单位，或是以个体为单位；我们会采用数字音频或视频记录，甚至在课前实现翻转；我们还会将反馈囊括至课内翻转的课程计划中，收集并分析学生数据，考虑如何实现教学改革。因此，这成为我们区分教学方式的出发点之一。

诚然，在所有的教学文化中，征求学生的反馈意见并不常见，这可能是一个挑战。我们也知道，对于询问学生对教学的看法，教师可能会有所顾虑。我们都不想听到有学生说有些事情不对，我们正在做的事情很无聊，或者他们不喜欢我们的课。但如果我们能尝试培养一种成长型思维，这些诚实的评论就会成为我们职业和个人成长的基础，并成为持续反思过程的一部分。当学生处于我们计划、决策过程的中心时，我们就能了解他们的需求。

如果学生的反馈是坦诚的，如果我们可以灵活地调整自身教学与成长型思维，那么我们就一定可以获得成功。

思考

你多久会向学生征求其对你教学的反馈？学生反馈是如何在班级里促成差异化教学的？

学生干预

你可以使用课内翻转来促进同伴指导或同伴辅导。教师可以根据学生理解能力的高低，在课堂上组织同伴指导或同伴辅导。记住，学习文化对于同伴指导和同伴辅导至关重要。一起学习时，同伴间的相互尊重是至关重要的。为了让这些策略发挥作用，学生必须感受到彼此之间及老师给予的尊重和认同。

同伴辅导

在同伴辅导中，教师会根据学生的优劣势来分配角色。技能水平高、准备充分的学生成为导师；仍需提高、理解材料有困难的学生是学员。导师必须尊重学员，以保证学习环境中的安全感。此外，教师应提倡将教学作为一种学习方法。这样，导师就会看到教学的价值，而不会觉得自己被“利用”了。导师和学员都必须意识到他们之间是互相学习的关系。教师应该讲清楚，自己在教育上的合理决策可以塑造并优化导师和学员的学习体验。

冈萨雷斯（Gonzalez）老师是澳大利亚一所学校的西班牙语教师。他意识到自己的学生在学习语法结构方面有很多困难。他使用的教科书包含了大量的元语言，让学生有些理不清头绪。下面是他的课内翻转路线图。他会：

- 接受课内翻转，以确保每个学生都能理解他所教授的特定语法规则概念；
- 为语法点教学准备视频课程；
- 通过问题和反思来检验学生在观看过程中对内容的理解；
- 让学生结对观看视频，一同回答问题。

根据之前的语法视频答题结果给学生配对，保证每个学生都能理解概念。（有些学生很快就能理解语法点，轻松完成练习。其他学生的大部分答案都是错的。他使用学习管理系统上提供的学习者分析来查看学生数据，做出配对决定。）

- 准备具体的指导问题，供学生（导师和学员）在课堂上思考。

思考

你相信学生会在同伴指导、同伴辅导活动中受益吗？为什么？

语法知识掌握到位的学生是导师，掌握困难的学生是学员。双方都需要尝试理解所介绍的语法概念，展开一系列活动。但他们的活动根据技能水平差异而有所不同。导师必须介入学员的学习过程，冈萨雷斯老师在安排这类活动时非常谨慎。同时，学员还会反馈导师在帮助他们理解语法点方面起到的作用。活动结束后，双方都感到成就满满，因为他们都达到了自己预期的水平。

学生支持

在课上，最重要的是教师如何支持学生学习。学生在课上遇到困难时，教师要让他们知道自己可以及时得到必要的支持，这对学生来说至关重要。课内翻转就可以做到这一点。例如，如果某些学生需要复习某一概念，他们可以在课上直接获取翻转内容。这个时候，教师可以在场并为学生提供帮助和支持。如果学生在复习过程中有不明白的地方，他们可以向教师求助，教师也能及时提供支持。

及时指导

想要让学生运用学习策略，教师需具备指导他们的技能。教学生积极使用音频或视频、做笔记、修改内容和回答问题是很重要的。那些知道如何完成这些任务的学生更有可能成功。在常规的翻转中，教师可能会在观察学生时遇到困难；在课内翻转中，做到这一点要容易得多。

再举一个及时指导的例子——教师会在学生自主学习时进行监督。这样一来，面对容易混淆的知识点，教师就能为所有学生提供现场反馈，及时纠正错误。这与下一课提供的整组反馈是不同的。

翻转可以让你专注于差异化教学。你会更加了解学生的节奏、学习偏好、遇到的困难和存在的问题。你有机会与每个学生持续对话，即便这一对话在每堂课上只能持续一两分钟。有了这些对话，教师就能与学生建立更紧密的联系。经验告诉我们，课内翻转让我们有更多的时间去了解学生。

教学焦点

凯蒂·拉尼尔是得克萨斯州艾伦市的一名物理教师。考虑到自己需要更多的“及时”教学，凯蒂决定尝试一下课内翻转。在二年级的物理课上，凯蒂的学生需要完成一个电路设计项目。一些学生已经有了足够的背景知识，而其他学生则需要继续复习。提供不同层次的复习材料，有针对性地帮助学生，才能让学生在学习上取得进步。如此执行下来，学生就不会产生“因为不了解‘应该知道’的东西而被筛选出来”的感觉。了解学生的理解水平有助于他们达到完成任务所需的水平，即使是高估了自己知识水平的人也会安心地回去复习。

对凯蒂来说，课内翻转的最大好处在于它能及时满足需求，让学生有机会边复习边提问，遇到问题随时展开讨论，把握自己对内容的理解程度。

以下是凯蒂在课堂翻转计划中的最佳实践：

- 制作或寻找解决问题的短视频，涵盖主题的各个方面。
- 确保学生在认真观看视频、做笔记等，而不是走过场。
- 不要把看视频限制在课上。有些学生会选择其他时间观看。让他们自己选择。

世界各地的课内翻转

我的学生对课程的掌握水平不尽相同，学校注重学生究竟是开心还是焦虑。我发现课内翻转为我的课堂提供了一个很好的策略。

——**杰里米 · 卡明**，新西兰尼尔森的一名9—13年级宗教教育教师

第7章

设计课内翻转

本章涉及国际教育技术协会的几大标准：

2.5 设计师

教育工作者设计真实的、学习者驱动的活动和环境，从而认清并适应学习者的可变性。教育工作者将：

- 利用技术创造、调整、打造个性化学习体验，以此推进自主学习，适应学习者之间的差异和需求。
- 设计符合内容领域标准及实际情况的学习活动，利用数字工具和资源，实现主动学习、深度学习效用的最大化。
- 探索、应用教学设计原则，创造创新型数字化学习环境，以此鼓励学生学习。

2.6 推动者

教育工作者利用技术促进学习，帮助学生达到国际教育技术协会给学生定下的标准。教育工作者将：

- 营造优良的学习氛围——无论是独立完成作业还是小组活动，学生都能自主掌控学习目标及学习成果。
- 在数字平台、虚拟环境、动手创客空间或现场教学中合理使用技术，科学地管理学生的学习策略。
- 塑造、培养创造力和创造性表达，以交流想法、互换知识、密切联系。

现在，你已了解了不同的课内翻转配置及许多课内翻转策略的实例，接下来让我们用课内翻转设计课程，这样你就可以立即在课上将其投入应用。

1.诊断学生的需求、兴趣和学习水平

每个新学期，我们都期待着去了解学生。从一开始就意识到学生的优势和劣势可以让课内翻转和整体教学有所不同。实施课内翻转的第一步应该是诊断学生的需求、兴趣和学习水平。你可通过多种方式对此进行评估：

- 询问学生喜欢学什么、不喜欢学什么。这些答案将帮助你了解他们的学习偏好，选择合适的活动和材料。
- 开展正式的诊断测试，为即将到来的课程准备问题。
- 设计非正式活动，了解学生对课程内容的准备程度。
- 设计形成性评估，帮助你了解学生对本门课程或上一门课程的掌握程度。这些评估活动可以包括采访、演讲、展示和讲述、郊游等。你或许想看看学生是如何在现实中应用所学的。

如果能做到以上几点，那么你就能在学期初对学生有一个全面的了解。这些信息将帮助你规避教学中千篇一律的设计。

2.设计学习目标

许多教师将布鲁姆认知分类法视为翻转学习的逻辑教学框架，我们也经常使用这一方法。布鲁姆认知分类法让我们能够关注学生的表现，同时也能关注到我们希望学生培养的各种思维技能。在规划课程时，可以参考布鲁姆认知分类法，并从中选择学生在每节课中应发展的技能。

我们建议你在课程计划中仔细研究布鲁姆认知分类法，确保学生每堂课都能完成不同水平的任务。尽量将翻转内容的学习目标定义在“记忆”

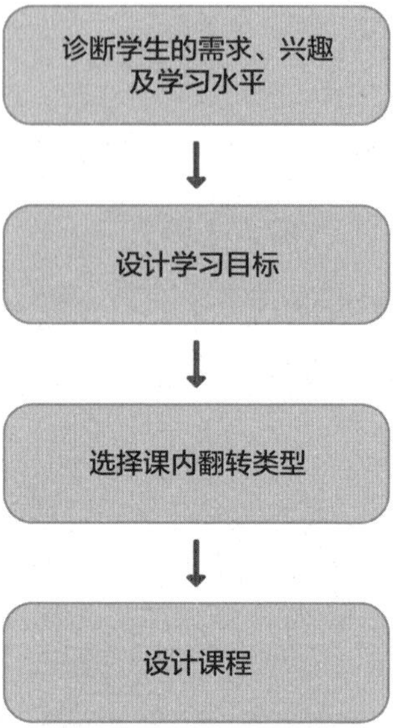

图7.1　设计流程

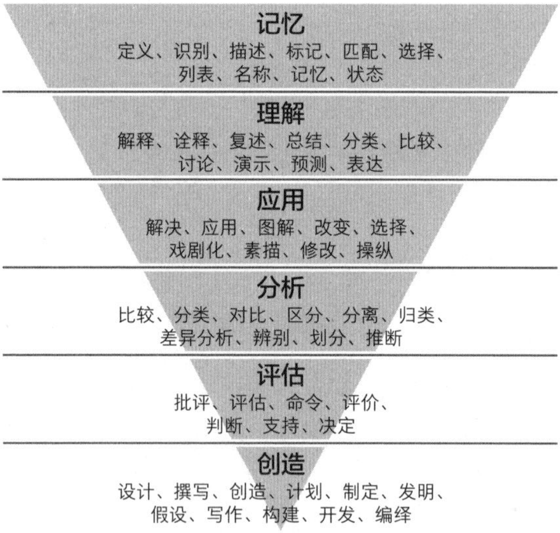

图7.2　布鲁姆认知分类法

和“理解”层面，把练习活动的学习目标定义为更高层次的思维技能。这种做法实际上保证了每个学生学习深度的最大化。我们发现，在课上组织更有意义的学习是有效的——这样一来，就能最大限度地利用课上时间，在课上实现主动学习。

在设定学习目标时，大多数的教学设计文献都建议参考不同领域。例如，我们鼓励你多了解21世纪学习伙伴关系框架和4C能力（包括协作、沟通、批判性思维和创造力）。这一框架与联合国教科文组织在数字时代的学习目标相联系，考虑到了那些传统学校忽视的、对从业人员和学生在现实中取得成功至关重要的方面。

设定课内翻转目标时，不要只关注内容，也要关注学生在课上培养的其他软技能，如团队合作、谈判能力和时间管理技能等。

最后要强调的是，学习目标不仅仅是教学要求。教师应将学习目标告知学生，让其在学习中充满信心，把握主动权。了解了课程目标和期望，学生就能掌握自己的学习过程并做出决定，这是学习自主性的一大进步。

3.选择课内翻转类型

考虑了学生的背景、能力、准备水平和背景知识，决定了学生需要学习的内容后，你就可以选择课内翻转配置了。配置的选择要与教学目标相关联。你的课程可能会涉及介绍内容或概念、复习、评估主题或实际操作。课内翻转类型的选择取决于课程类型，因此，我们需要依次考虑每一种课程类型。

介绍内容或概念

如果想教授一个全新的概念、过程或主题，你可以选择有序的循环课内翻转配置，或单人、结对、小组翻转。这种课程要求学生独立学习知识（因为每个人的学习步调不同），能够保证教师支持学生、指导学生、扩展概念、解决问题。在常规的翻转课堂上，学生可在课外自行学习，但遇到问题必须等到下节课才能解决。通过对比来看，如果你把课堂设置为课内翻转，学生的问题当场就能得到解决。

复习

如果要复习以前所学的概念，或需要在考试前解释清楚概念，你可以使用有序、混合和循环工作站配置，或单人、结对、小组翻转。这完全取决于你计划如何复习概念。

若选择了有序配置，那么你就可以开始设计课内翻转，这样学生就需要循序渐进，在完成一项简单任务后再进入下一项复杂任务。这种配置可以帮助你围绕一个概念、主题或想法创建一种完整的学习体验。学生学习难度的不同有助于教师设计差异化复习。

在混合配置中，你可在同等难度水平内计划活动，因此无论访问哪一工作站，学生都会复习所需概念。例如，假设学生在数学课上学习乘法，你可设计5个工作站教授相同内容，但每个工作站设计的活动不尽相同，有绘画、游戏、测验、配对等等。关键在于，这些工作站要有相同的学习目标。

根据学生参与活动类型的不同（游戏、匹配、定义、划分、归类等），在混合配置中选择差异化复习。

使用循环配置，学生可以通过翻转站获取翻转内容，你可选择在布鲁姆认知分类法的较低层次内计划活动，也可选择在较高层次内计划活动。

使用这种配置展开差异化复习，就要额外关注那些对主题仍不熟悉、需要巩固概念的学生。只要能在翻转站获取知识，这些学生就会心安。

若选择结对翻转或小组翻转，教师可以垂直规划课程，让学生在整个课程中合作学习，同时要求他们对不同概念的学习负责。你可以选择分层安排（一些任务比其他任务更重要，因此要按顺序组织）或自由安排（所有任务同等重要，让学生自行决定做什么）。

这种配置下的差异化复习体现在过程中——学生将按照自己的节奏学习，老师可以提供个性化支持。

评估话题

如果你想评估学生对某一特定话题的掌握程度，那么你可以用多种方式实现翻转。

你可以设立评估站。每个评估站应该有一个特定的任务，让学生展示其对内容的掌握程度。当学生在工作站工作时，教师应带着写字板四处走动（就像卡拉·约翰逊·艾伦在她的翻转精熟课堂上所做的那样），记录学生遇到的困难、问题和即将学习的新主题。

若需要个人评估，你可以在教室里设置练习站或复习站，让学生相继到这里进行单独的正式评估，其余学生则继续参与活动，为正式评估做准备。对于这种情况，你可使用任何工作站轮换配置。我们建议采用混合、有序配置，或对半工作站配置，让一半学生参与练习活动，而另一半学生得到你的直接反馈（见第5章）。

实践研讨会

有时课程并不提供直接指导，而是通过实践活动来练习。若利用课内翻转展开实践研讨会，你可以使用有序或混合配置，将计划活动有条不紊地进行下去，尽自己所能给学生提供最大的支持。在新配置下，你仍可以为需要在课程中完成任务的学生提供直接指导。

在与全球翻转学习专家乔恩·伯格曼的对话中，我们了解到两个想法：

- 一些科学教师用二维码形式提供在线视频，介绍实验步骤和说明。学生观看视频，获取关键信息，从而完成实验。
- 一些美术教师会提供讲解绘画技巧的视频，以便学生在尝试该技巧前反复观看。视频和教师的直接指导（可在工作站获得）更有助于保证学生学有所成。

教学焦点

安东尼奥·伯纳乌·帕卢斯是西班牙一所公立学校的小学教师，该校位于马坦萨斯-圣托梅拉（穆尔西亚）的农村地区。他发现，课内翻转是开始翻转一门新课程的好方法。在两到三周的时间里，他训练学生积极观看视频、参与课堂活动。一旦学生弄清楚如何使用视频和课程材料，安东尼奥就会切换到传统的翻转课堂。

安东尼奥还把课内翻转用作复习。当教学内容看起来太复杂或学生未按预期完成作业时，他就会使用课内翻转。对安东尼奥来说，课内翻转是一个很好的策略，可以让传统翻转课堂更好地发挥作用。

4.融合

无论使用哪种翻转策略，你都应该考虑以下几个具有教育意义的方面，这将使课内翻转更加完整、有效。我们概括了这些教育相关方面的综合清单（见表7.1），你应在整个规划阶段考虑这些内容。

表7.1　课内翻转计划清单

教育相关方面	描述
目标	为班级设定目标会带来显著的不同。以下是一些建议： 根据布鲁姆认知分类法中的动词来设定目标。为翻转站设计记忆、理解任务。此外，变更练习站任务，囊括应用、分析、评估和创造活动。如果你正在进行现场配置，也可以参考布鲁姆认知分类法。 回顾所学，在设计目标时将其视为结果。你希望学生在课程结束时达到什么目标？思考实现目标可能需要采取的不同步骤。
配置类型	想想哪种配置最适合课程和学生需求。 工作站工作：有序、混合、循环、对半配置 工作：单人、结对、小组
热身	要想让学生参与到课程内容中，最好从趣味性强的活动开始，介绍他们将要学习的内容，或概述之前课程的内容。这种活动有助于将学生与课程联系起来、对学生起到激励作用。热身可以是一个简单的游戏、动手活动、讨论、图像探索等。

续表

教育相关方面	描述
翻转内容（获取内容及方式）	核心内容总是在学生需要掌握的每一课中。什么是核心内容？如何翻转？是需要人为策划，还是自行创造？
翻转问责	教师如果想要了解学生的学习过程，那么对翻转内容进行某种形式的问责是至关重要的。通过使学习可视化，教师可以评估并为每个学生提供更有针对性的支持。教师可以通过测试（线上或线下）、理解活动、笔记中的图形组织、嵌入式问题（在阅读或视频中）、工作表、绘画等形式提供特定重点任务，以此确保学生参与到任务中。（有关问责技术工具的内容详见第12章）
练习活动	在这里要问的一个重要问题是：学生将如何应用所学？无论是通过工作站还是现场工作，计划的活动都应着重关注高阶思维的培养，适应主动学习。
材料	没有什么是比你计划了一节精彩课程，却发现自己忘了带胶带、剪刀、便利贴、游戏计数器更糟糕的了。一件材料就能改变甚至毁掉一个计划好的活动。因此，在计划过程中，明确需要多少工作表、笔记本电脑、记号笔和其他材料至关重要。这与学生的分组方式有关，了解了分组方式，你就能知道小组、结对和个人作业所需的具体材料。

续表

教育相关方面	描述
时机	估计教学活动所需时间，将其与课程开发过程中的活动用时进行比较。这为今后开展相同类型活动的课程提供了记录和参考。此外，进行课内翻转时，最好要考虑到节奏最慢的学生。对于动作快的学生，额外的工作站或锚活动是有帮助的。
分组	课上互动方式应在计划过程中发挥积极作用。你应该仔细考虑如何将学生分组——他们是两人一组、小组学习，还是全班一起学习。想要了解更多有关灵活分组的内容，请参见第5章。
评估	评估是一项持续的实践活动，我们应将评估融入课程活动，不留下任何空白。因此，我们应该在思考活动本身的同时考虑如何评价我们课上的每一项活动。我们可以这样提问——我如何确保我的学生理解了所学内容？我是要评估还是提供现场反馈？我要单独评估吗？我以后要检查哪些方面？

续表

教育相关方面	描述
热身（结束）	每节课都该有个总结或结尾。这部分对学生来说很重要，可以帮学生对材料有一个概览，并帮助他们在脑海中组织信息。上课时间快结束时，我们常常会忽略课堂的结尾。尽管如此，最后一步，即让学习者与所学内容建立起有意义的联系，和其他步骤同样重要。 总结可以是对学习目标、活动的总结或概述，也可以是一个简短的评估，以便更准确地了解需要巩固的内容，有助于教师洞察学生仍存在的困惑，纠正误解，弥补学生可能存在的不足之处。 结束课程的另一种方式是要求学生分享所学，或分享他们如何将所学应用到其他环境中。你也可以提前告诉他们下节课要讲什么，下节内容与本节内容之间有何联系。 还有些教师会在课堂结尾时提供反馈，或要求学生反馈，这种方式有其价值和意义。然而，正如你将在下节中注意到的那样，你可以既总结又反馈。这样，你的课程会变得更有意义。

无论你是否选择翻转，上述所有方面都将改善教学。

课内翻转中可视化的重要性

在计划课内翻转时，想象一下在教学环境中要做什么对于有效开发课程至关重要。斯克里夫纳（Scrivener）指出，教师很难完全预测学习者对计划内容的反应。然而，“你准备得越充分，就越有可能应对任何发生的事情”。由此可见，计划增加了课程成功的可能性。我们建议你根据自己的课程规划风格考虑上述与教育相关的各个方面，采用3种方法备课——涂鸦笔记、纵向或横向规划、使用课程规划格式。

涂鸦笔记

你可以通过涂鸦笔记使教学计划可视化。迈克·罗德（Mike Rohde）将涂鸦笔记定义为“由手写、绘图、手绘排版、形状和视觉元素（如箭头、方框、线条等）混合而成的丰富视觉笔记”；由此可见，涂鸦笔记不仅仅是记笔记，它结合了文本和视觉元素，是课内翻转可视化的完美组合。对教室布局做涂鸦笔记，尤其是在工作站翻转的情况下，是一种更有帮助、更准确的方法，可确保课程的所有元素都被预见到，对于囊括教室设置类型、座位安排、学生人数、轮换类型、任务、时间和材料都有帮助。把所有内容都写在纸上可以让老师注意到是否遗漏了什么或没有考虑到什么。

图7.3包括了上述所有元素。通过涂鸦笔记，教师可以改变安排，使用不同的材料，甚至在意外出错时展开B计划。如果不是非常了解课程流程，就可能会出现失误，课程也就不会像预期的那样顺利进行。

纵向或横向规划

纵向或横向规划课程也可以使课程可视化，这取决于你的课内翻转有无工作站辅助。

如果你计划进行现场的课内翻转，那么最理想的方式就是纵向规划课程。换言之，按纵向顺序依次列出课程活动，表明课程活动顺序。

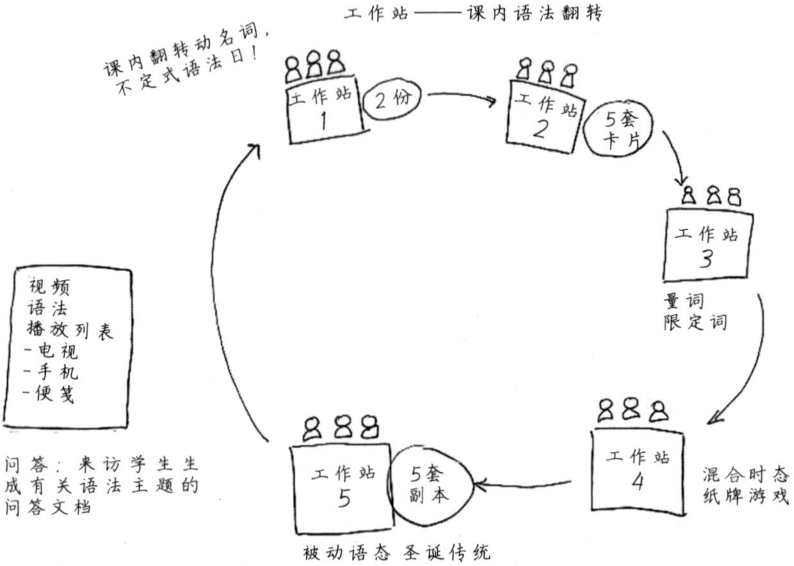

图7.3　课内翻转涂鸦笔记

另外，如果你计划在课内使用工作站翻转，那么横向规划就是最好的选择。这里的“横向”一词指的是活动不一定按时间顺序展开，因为学生可能会出现在不同工作站中，参与各式活动。横向布局意味着活动没有限制在特定顺序中。

在同一节课中保持横向、纵向视角是很有用的，可以使教师轻松从现场课程转换到工作站课程，反之亦然。在图7.4和图7.5中，你可以看到如何为现场翻转、工作站轮换翻转准备相同的课程。请注意，当策略改变时，有些活动必须作出相应调整。

规划格式

尽管教师计划的方式多种多样，但有些教师更喜欢使用教案格式，这种格式为计划过程提供了现成的顺序和布局。格式可以确保所有要考虑的

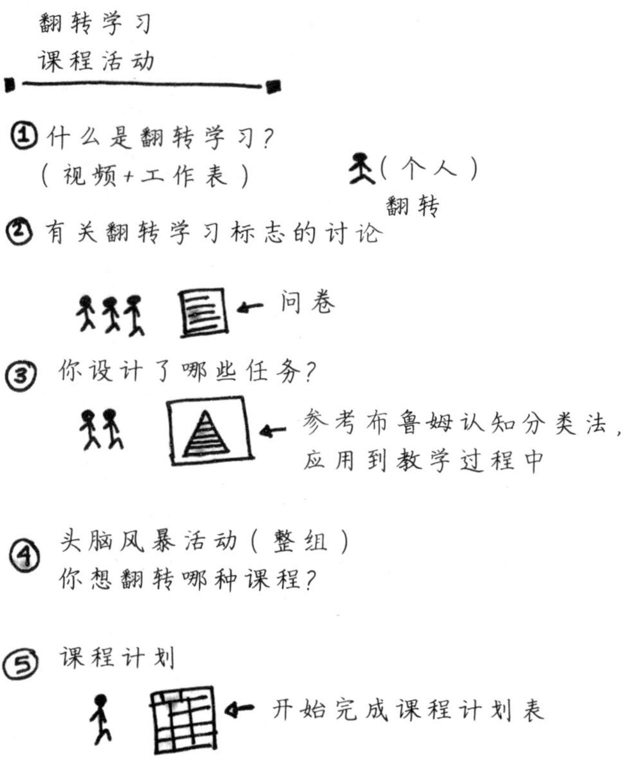

图7.4　翻转学习专业发展课程活动的纵向规划笔记

元素都包含在内。在某些情况下，使用特定格式是一项制度要求。

我们创建了不同的教案格式和布局，将其应用于课堂、促进教师发展，希望这些格式能对你有所帮助。当然，你也可以调整现有格式或从头开始设计你自己的格式。

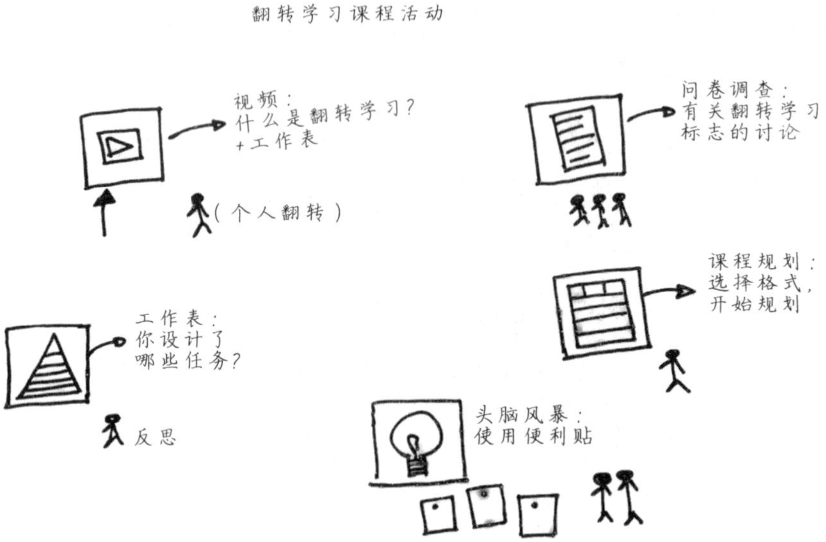

图7.5　课内翻转课程活动的横向规划笔记

教学焦点

史蒂夫·格里菲斯是澳大利亚布里斯班的一名科学教师，在整个九年级的科学课程上都采用课内翻转；他的工具有一个学习管理系统和一个自制工作簿（其中包括视频前、视频后问题、练习和实验）。此外，他还为每个视频提供了撰写康奈尔笔记的模板。在史蒂夫的课上，学生按照自己的节奏学习。每次上课，史蒂夫都会与每位学生互动并展开监控。准备就绪后，学生们就会去工作站做实验。每周，学生们都要参加由他们自己评分的掌握能力测试。

以下是史蒂夫的建议：

- 完成整个单元的视频和练习册，并在单元开始时提供给学生，以便学生设定自己的节奏。

- 将实验安排在三到四节课中，这样学生就可以在准备就绪的情况下完成。
- 为学生提供备用耳机和平板电脑。
- 制作家庭作业本，每周为学生提供少量的家庭作业。要求父母或监护人每周签字。
- 花时间和每个学生交谈，努力去了解他们以及他们是如何学习的。
- 教学生如何看视频、做笔记。
- 让父母参与其中。第一周的家庭作业要求每个学生给父母看一段介绍视频。
- 为学生制订座位计划。
- 要求学生帮助他人。
- 提供扩展活动。
- 允许学生通过视频以外的方式学习。
- 持续反思和改进。

第8章

为课内翻转设计翻转内容

本章涉及国际教育技术协会的几大标准：

2.5 设计师

教育工作者设计真实的、学习者驱动的活动和环境，从而认清并适应学习者的可变性。教育工作者将：

- 利用技术创造、调整、打造个性化学习体验，以此推进自主学习，适应学习者之间的差异和需求。
- 设计符合内容领域标准及实际情况的学习活动，利用数字工具和资源，实现主动学习、深度学习效用的最大化。
- 探索、应用教学设计原则，创造创新型数字化学习环境，以此鼓励学生学习。

请记住，课内翻转的好处数不胜数，其中最显著的好处之一是它能够通过设计的内容在班级内展开差异化教学。在计划课内翻转时，考虑到为所有学习者提供最佳体验，请采用以下策略。

涂鸦笔记

除被用作可视化的笔记策略外，涂鸦笔记也可被用作翻转内容资源，以独特的方式表示你想要教授的内容。使用这种策略，你可以将解释、说明、演示等压缩到同一网页或实体页面内。别担心！涂鸦笔记不需要你成为艺术家，你只需要知道如何绘制基本形状（圆、正方形、三角形、矩形、直线）就足够了。具体步骤如下：

1.创建自己的图标库，在网上寻找图标并保存。你可以将其作为模型或复制下来。

2.在计划阶段，选择想要翻转的内容并在所选工具中综合想要传递的关键信息是很重要的。随便一个笔记本或一张纸就足够了，你可以用书面笔记、短语或要点的形式记录。

3.回顾综合信息，并从视觉角度思考。什么信息可以通过图标或图画来表示？

4.回顾一下不能轻易转换为可视元素的信息，思考哪些信息可以插入方框或用插图编号表示。

5.考虑涂鸦笔记的布局。根据想呈现的信息，你可以创建思维导图、流程图、网格、纵向或横向草图、过程图、路径或选择其他独创形式。哪一个最能传达信息？

6.融合信息，完成初稿。在这里，你可能还会觉得信息过多或涂鸦笔记占用了太多空间，因此，初稿阶段至关重要，可促成信息删减与合成。如果你选择手绘，建议使用铅笔和橡皮擦，这样涂鸦笔记会呈现出你想要的效果。也是在这个步骤中，你可以评估信息的明确程度。信息是独立的吗？学生能在不请教教师的情况下理解吗？

7.当你对初稿感到满意时，请赋予它生命力吧！添加颜色、装饰，享受设计过程。

8.最后，扫描或复印涂鸦笔记，供学生课上使用。

图8.1为玛莎介绍翻转学习概念的涂鸦笔记。

信息图

信息图的设计可以遵循涂鸦笔记的步骤，方法要简单得多。你需要的不是图标库，而是图像和线上图标库，或可以找到视觉内容的资源。请确

图8.1　课内翻转涂鸦笔记

保其已签署知识共享协议，避免出现版权纷争，这样你就可以随时移动使用元素或模板。运用这类资源的关键在于找到文本和图像间的平衡，确定合适的字体大小、样式和颜色。但信息图也综合呈现大量内容。

学习菜单

要创建学习菜单，你可以准备一个5行6列的网格，包括各种开胃菜、主菜、甜点和饮料（参见第6章学习菜单说明）。我们喜欢提供不同的任务，不同等级的任务有其相似之处。图8.2是语言学习的学习菜单示例，其中一些活动包含翻转内容。

在图8.2的学习菜单示例中，开胃菜活动简单而有趣，涉及低阶思维技能。这些活动意在吸引学生，让他们练习一到两个技能。主菜囊括邀请学生创建、评估、分析和应用的任务（布鲁姆认知分类法的高级思维技能）。这些任务在布鲁姆认知分类法中属于同一层次，但学生练习的技能类型有所不同。甜点在任务难度上与开胃菜相似，但也是鼓励学生创建内容的应用型任务。热饮是额外练习的额外奖励，能够让学生走出舒适区。如果学生对你的课程感到非常兴奋、在课上表现出极强的创造力，你也可以让他们通过个性化活动创造自己的学习方式。

作为外语教师，在课外提供真正能练习语言的机会是非常困难的。尽管如此，学生还是有练习的机会，例如，尽管在学习菜单中使用“符号点系统”能鼓励学生加快语言学习，但我们还是建议学生找到课程内容在现实中的实例。你能和你的班级一起完成这项任务吗？

现在让我们看看电子菜单着重关注翻转内容时是什么样子的。

如图8.3所示，菜单提供了多种选择及最终任务（甜点），用于教授学生如何进行主动学习。

前菜（选择两项活动）	在相关app上创建每周词汇集。	在相关app上至少参与一个每周游戏，将截图带到班上。	在相关app上参与一次每周讨论活动，将截图带到班上。	在相关网站上选择一项每周听力活动，将活动记录带到班上。	每周参与多邻国活动，将截图带到班上。
主菜（至少选择3项活动）	在相关网站上完成语法练习，将练习记录带到班上。	复印“实用语法”，完成练习活动，每周将练习记录带到班上。	在社交平台上结交笔友，用英文写书信，将书信记录带到班上。	用英文写日记，每周将日记带到班上。	参与文化交流活动，每周将活动记录带到班上。
甜点（选择1项活动）	利用网络上的英语学习相关名人账号练习发音。	每周给自己录音，将录音发给教师。	利用爱荷华大学语音学习相关网页练习发音，持续记录。	看英文电视节目（在电视上或网络上均可），学习新词汇、新表达，及时做笔记。	每周给自己录视频，将视频发给教师。
热饮（额外练习的额外奖励）	帮助比自己水平低的同学。（加50分）	在网站上用音乐练习英语。（加50分）	和外国朋友练习英语。 把他们带到班上。（加100分）	设计一个截屏视频，教同伴语言学习策略。（加100分）	选择英文戏剧、英文阅读或其他英文活动，将活动记录带到班上。（加100分）
个性化活动					

图8.2　英语课堂上掌握不同技能的学习菜单

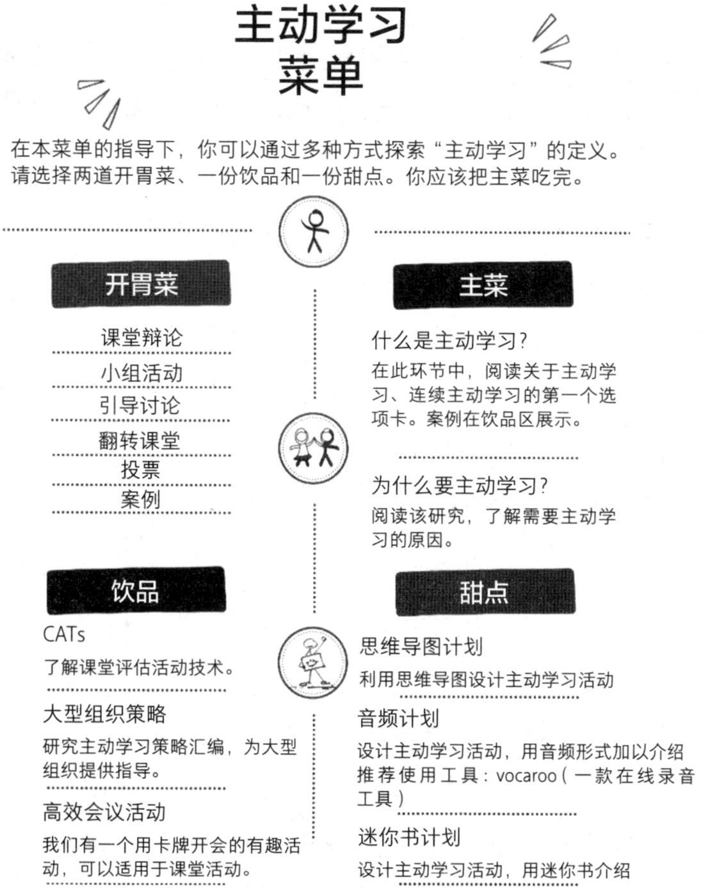

图8.3　与主动学习有关的电子学习菜单

这些活动的目的只有一个：让学生在课下其他场景中真正使用课上内容。我们知道，“课内翻转”意味着一切都只发生在课堂上；但我们也认为，当学生们一直在思考课上内容时，自主性会逐渐形成。那么，如何激励学生从其他方面思考课上内容呢？

选项板

选项板的作用与学习菜单相同，可以以网格的形式呈现给学生（如井字棋或宾果游戏），不受年龄或主题限制，适用于各种短期、长期项目。

井字棋游戏

创建井字棋游戏只需要9个活动。对于熟悉游戏的人来说，只需要一个3行3列的网格，在网格中列出学生需完成的活动。你也可以把中间的方框作为自由空间，让学生自己创建活动，以符合选择板的整体目标。在井字棋游戏中，学生应该完成3项所选活动，从而赢得游戏。换句话说，完成活动与赢得游戏的意义相同。

宾果游戏

创建宾果选项板所需的选项更多，要求更高。首先要创建一个5行5列的网格，就像普通的宾果板一样。“宾果”将最初游戏中的数字替换为学习活动，学生可以选择学习活动来赢得“游戏”。这意味着每个方框中有24种供学生选择的活动和一个位于中心的自由空间。游戏是动态的，学习者可以完成几项任务。例如，他们可以按照自己喜欢的顺序和方向完成一行5个活动。如果选择中包括了自由空间，除非被要求自行设计活动进行填充，否则他们只需完成4项活动即可。胜负的标准由学生决定。教师也可以要求学生完成整套课程，但既然目标是提供选择，最好在板中留有空白，让学生自行选择要参加的活动，或将其作为奖励（学生选择参加）。

给学生的翻转指导

经过近两年的在线教学，我们发现了翻转内容的最佳实践之一——

翻转指导。一些简单的事情，比如写下或记录指令，而不是直接向学生提供指导，已经在课堂动态、学生参与度和差异化方面出现了显著的变化，更不用说我们无须重复告诉学生在活动或任务中他们必须做什么。直到不再需要重复指导，我们才注意到之前已经重复进行了多少次指导。

由于连接问题、资源获取和技术知识等原因，学生在网络环境中的差异变得更加明显，需要进一步接受指导。因此，玛莎设计的指导结合了差异化“包容性方向”方法和翻转学习。差异化使得规划过程更加复杂、学习结果更加理想。差异化翻转指导由此诞生。这种指导以翻转的形式被提供给学生，其中包括轮换、角色、规则和时间以及步骤、语言和任务。

图8.4　差异化翻转指令元素

学习路径或路线

学习路径可以用于不同目标。在面对面的课堂环境中，该资源可用于工作站课内翻转，让学生根据已有知识和对主题的理解选择学习方向。在课程结束时，路径会告诉他们应如何实现学习目标。

这一策略要求学生在学习路线中确定自己想加入的工作站或活动。此外，教师还可以根据学生完成任务的能力（无论是低阶还是高阶思维能力）提出路径选择方面的建议。从视觉角度看，这一点对教师很有帮助，能够让他们看到学生在哪里，他们的需求是什么，他们需要去哪里。随着课程的进行，教师也可以了解学生完成路线的速度是快是慢。

在课堂中加入路径的另一个好处是，学生们由此获得了一种组织感，这一点在课内翻转带来混乱（选项的副作用）时尤为明显。经验告诉我们，与接受新教学方法的教师相比，学生有时更难接受一种陌生的、不同的组织类型。当学生明白他们有选择权并且需要对探索学习道路负责时，无序感就变成次要的了。

图8.5的例子向我们解释了如何向学生提供路径。

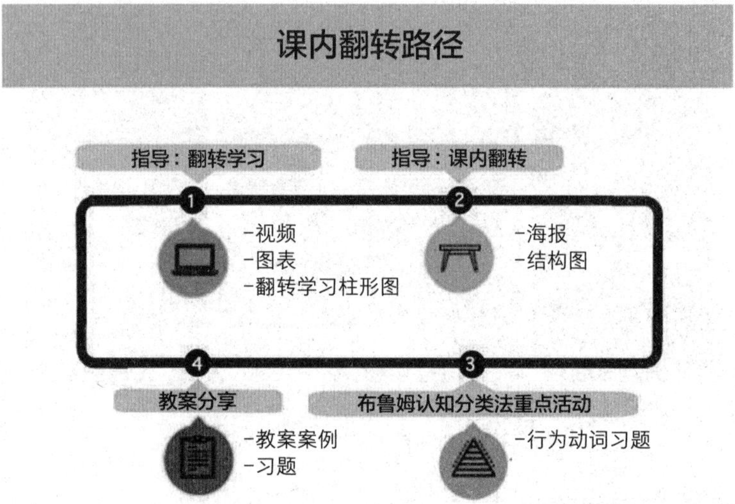

图8.5　教师培训课程中循环配置的路径

在线上环境中，利用电子工具，学习路径可用于现场课内翻转，学生可以点击并决定做什么或点击并遵循某一顺序。

图8.6为玛莎设计的决策路径，用于在现场个人课内翻转中指导学生的思考角度和立场。这条路径用幻灯片设计，学生应在回到主教室前完成，后与所有同学一起陈述观点和立场。这个例子体现了4个选择时刻：

图8.6　关于思考角度和立场的线上决策学习路径

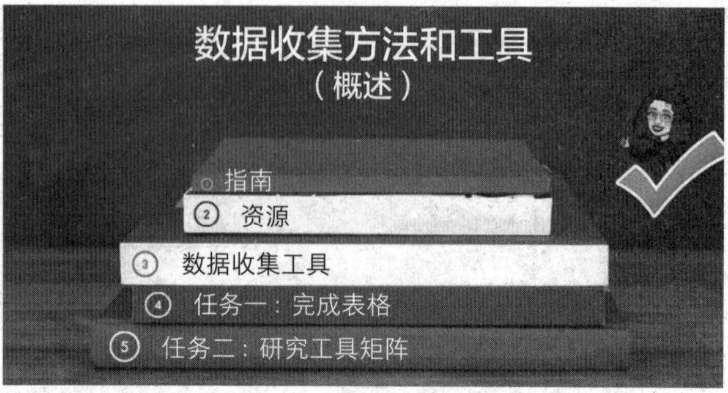

图8.7　研究课程的数字教学序列路径

在第一张幻灯片中，学生选择一扇门，这扇门将把他们带到他们必须采用的思考角度（心理、环境、科学等）中；然后，学生转向问题幻灯片，选择自己感兴趣的问题；接下来，他们选择抽屉，通过抽屉选择立场（支持或反对）；最后，他们会选择想要使用的词汇和表达来捍卫自己的立场。

卡罗莱娜以教导式顺序路径闻名。图8.7是关于数据收集方法、手段的课内翻转示例。在这里，学生必须在每本书上逐一点击，以获取指导和对内容的翻转解释，而卡罗莱娜会进行监控、提供支持。

超级文档

我们将简要概述如何创建自己的超级文档。你可以参考我们的示例。

超级文档结构

尽管超级文档有多种模板和教学方法，我们还是选择了丽莎（Lisa）、凯莉（Kelly）和萨拉（Sarah）创建的结构——在课上参与、探索、解释、应用、分享、反思和拓展。

参与。这部分可以算作超级文档的钓鱼钩了。学生们一下子就被吸引，产生了浓厚的兴趣，并对即将开展的学习充满希望。想一想能让学生对你即将分享的内容感兴趣的东西，可以是任何让你和学生感到舒适的东西，比如笑话、故事、表情包、视频、歌曲等。重点在于，让学生融入内容中，并邀请他们继续点击。

探索。在超级文档的这个阶段，你给学生提供资源，让他们按自己的节奏熟悉主题。丽莎、凯莉和萨拉建议创建“多媒体集”，其中包括精心挑选的内容链供学生探索。我们可以提供文本或视频等简单工具的链接，也可以通过卫星地图提供博物馆参观等复杂的链接。超级文档的探索部分意在让学生自己浏览主题，并让他们在你关于指导和内容策划的专业知识的帮助下感到有能力自学。

解释。在超级文档的这一阶段，请在其他技术和材料的帮助下直接下达指令。教师为学生提供文本材料、海报、播客或视频链接，以便他们了解主题（关于如何修改材料，请参见第12章）。用我们的话说，这正是提供翻转内容的地方。如果你正考虑结对翻转，那么你可以实施同伴指导策略，让学生先单独观看你准备的材料说明，然后依照马祖尔的想法，在超级文档指导中添加同伴指导，让学生们互相解释内容。在这一过程中，教师可以自由回答问题、进行监督，确保避免某些错误，防止学生传播错误信息。

应用。当你成功激发学生兴趣，且他们已接受关于主题的正式解释后，他们就可以应用内容了。这时候你可以放松下来，发挥创意，为学生设计练习活动，证明他们已经理解主题，并可以在现实生活中应用。你可以尝试为学生设计或策划各式活动，如练习、写作、问题、实验、模拟、案例研究、匹配练习等。这一阶段对于结对翻转也同样适用，学生可以将所学应用到现实任务中，协作应用知识、一起学习。创建超级文档时，你可以指导学生，让他们面对面地与同学交谈，或一起解决问题。

分享。当学生在超级文档中应用他们在前几个阶段学到的东西时，他们就可以互相分享——输出所学、展开协作。因此，使用协作网站，开展面对面合作学习活动可以强化学习体验，让学生有机会向除教师之外的人展示学习成果。我们希望通过社交媒体鼓励学生在舒适区之外分享并将这一做法推广到全球。然而，在课上使用超级文档时，我们也会借助卡根（Kagan）的合作学习结构（循环学习、四角学习、思考、结对、共享等）促进共享。

反思。一旦学生处理并应用信息，就轮到元认知出场了。学生可以反思超级文档本身和他们的表现，并选择接受；也可以向教师反馈，改进超级文档；或者两者可以同时进行。对我们来说，教师对学生工作的反馈和学生对教师工作的反馈同等重要，我们相信教师和学生在每节课上都能平等地学习。我们通常使用Padlet等网站收集学生反馈，但你也可以使用其他工具，如电子邮件、Adobe Spark、Whatsapp等。关键在于不断反思。

拓展。如果你考虑的是那些动作快的学生，或是想到深入思考、参与主题的重要性，那么超级文档中的拓展阶段会鼓励你寻找其他资源，帮助学生丰富学习体验。

虽然超级文档最初是一个连接谷歌及其应用程序的在线工具，但现在它的功能不止于此。培养学生的自主性、使他们掌握学习能力是使用超级文档展开课内翻转的最大收获之一。学生可以按照自己的节奏使用超级文档，如果计划得当，只用一节课你就可以让所有学生都参与进来，同时你也可以提供帮助，促进现场学习。图8.8简单介绍了超级文档。

没有技术支援

超级文档是展开单人、结对或小组翻转的一种方式，你只需要创建一

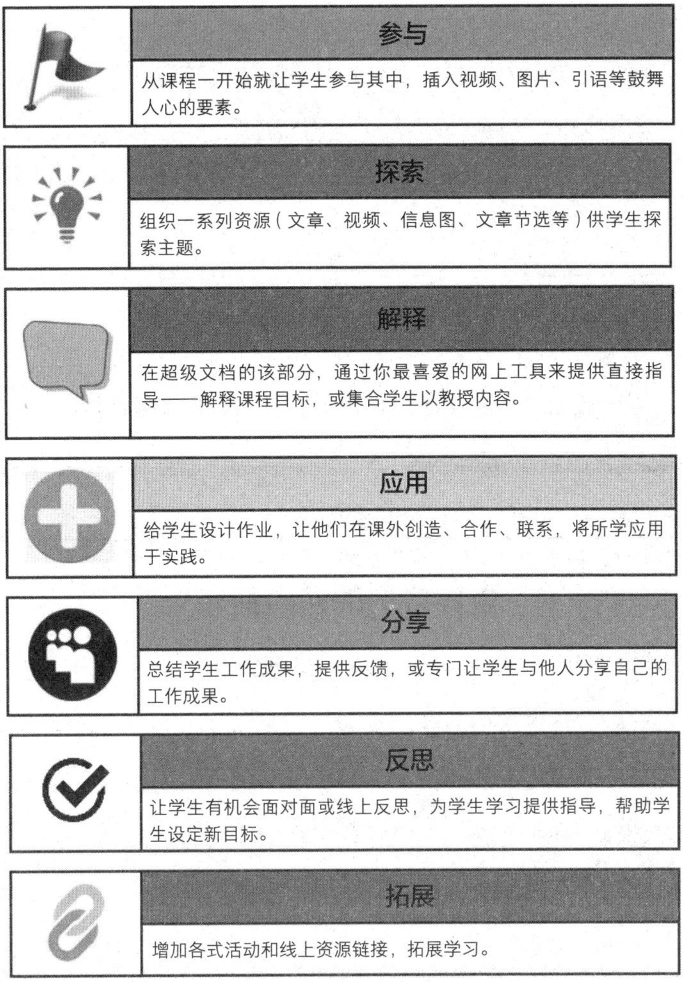

图8.8　超级文档模板

个超级文档，把学生带到计算机实验室，就可以敬候佳音了。在没有技术支援的课堂上，通过思考相同的教学步骤，向学生提供更多模拟材料，你也可以创造同样的学习体验。即便技术不充足，教室里只有一个演示台和几台设备，你也可以按照超级文档的步骤创建学习体验，保证每个人进行深度学习。

对我们来说，计划是课内翻转成功的秘诀。作为教师，我们总是计划课程，但有时难免“随波逐流”。当仔细计划课内翻转时，教师就为学生创造了丰富的学习体验。然而，没有放之四海而皆准的规划模板。我们希望本章中的一些选择能与你的教学风格相结合，这样你就能将课内翻转收入囊中。

思考

据你推测，在设计课内翻转课程时的最大挑战是什么？

世界各地的课内翻转

我在课内翻转中利用超级文档实现了差异化教学。超级文档是一种向学生提供教学的交互方式，以学生为中心，指导学生完成整节课程，按照自己的节奏学习的同时增加深度，是对课内翻转的完美补充。学生们在课堂上使用超级文档，老师也能腾出时间在教室里四处走动，进行形成性评估并组织小组活动。在超级文档的辅助下，差异化教学就自然而然地形成了。此外，超级文档让学习、处理、评估课程变得更容易。通过将4C能力融入课堂，我的课堂在协作、批判性思维、创造力和沟通方面变得更有生机和活力。

——**苏珊·怀特，**

美国伊利诺伊州伍德斯托克市克里赛德中学的一名六年级数学老师、数学技术教练

第9章

关于课内翻转入门的10点建议

本章涉及国际教育技术协会的几大标准：

2.5　设计师

教育工作者设计真实的、学习者驱动的活动和环境，从而认清并适应学习者的可变性。教育工作者将：

- 利用技术创造、调整、打造个性化学习体验，以此推进自主学习，适应学习者之间的差异和需求。
- 设计符合内容领域标准及实际情况的学习活动，利用数字工具和资源，实现主动学习、深度学习效用的最大化。
- 探索、应用教学设计原则，创造创新型数字化学习环境，以此鼓励学生学习。

一旦你掌握了窍门，课内翻转就能体现出其高效性；但想要对课内翻转实践充满信心，你可能还需要一段时间。我们已经尝试过很多次，找到了避开障碍的最佳方法，希望能够帮你避免重蹈覆辙。以下是帮助你实现课内翻转的技巧。

1.可视化

课内翻转可包括很多活动部分。在翻转过程中，要清楚了解这些部件的位置及其工作原理，这一点很重要。也许你和玛莎一样，可以轻松看清路径和环境并设计酷炫的电子图表；也许你更像卡罗莱娜，不擅长描绘概念，只能讨论并尝试画在纸上。不管思维方式如何，请设计一种方法想象你的课堂会发生什么样的翻转。绘制一张教室地图，标明桌椅、黑板和演示台（智能板、电视、投影仪等）的位置，思考各元素在课上的作用。绘制课堂地图将帮你了解在课内翻转前你需要做什么，并帮你做好准备。

课内翻转的其他方面也需考虑在内。考虑学生使用何种材料（如纸张、钢笔、铅笔、图书、电子书、应用程序、网站、电子设备、耳机、计算器等）以及如何将这些材料分发给学生（盒子、信封、纸袋、礼品包装、在线平台、链接、二维码等）都很重要。

此外，你还应考虑如何给每个活动分组（个人、结对、小组还是工作站）。诚然，考虑所有方面可能会让人望而却步，我们自己也有同样的感受，但我们可以逐渐积累经验，设计自己的框架。

2.仔细计划课程

尽管计划课程通常是教师的第二天性，但在课内翻转时，制定更详细、更全面的计划至关重要，有很多变量需要考虑。在计划课内翻转时，需要考虑以下几个方面。

内容

记住，在这种翻转学习形式中，内容的传授和实践在同一空间内共存。请注意，教师不传授内容。在课内翻转中，教师的责任在于设计、分配内容，供学生在教室里单独（或结对、小组）学习。斟酌教学计划时，重点在于回顾内容，想出最有效的方式将它传递给学生（如视频、播客、数据包、幻灯片等）。

你应该在课内翻转中使用最复杂的内容，这可能需要你提供更多支持，而课堂翻转的配置有助于你在学习过程中的不同阶段以不同的方式与学生展开互动。

实践活动

这些活动是课程的核心，在计划活动时需三思而行，满足学生的需求和偏好（有关差异化教学的更多信息请参见第6章）。我们使用布鲁姆认知分类法设计实践活动，在每个活动中平衡低阶、高阶思维技能，帮助学生充分发挥潜能。

时间

在课内翻转的过程中，你对时间的看法可能会改变。你不会在讲台前授课，所以你的所有（或大部分）时间都可以留给学生。

对学生来说，时间可以是一种资产，也可以是一种负债，这取决于你如何规划。

可以通过计时器、设置任务时间限制来帮助学生保持专注。

工作站及轮换

如果你正在使用4种工作站配置中的一种，请仔细考虑工作站本身及其轮换。在规划工作站时，请考虑其目的及其能在多大限度上帮学生实现学习目标。此外，还要考虑工作站的规模、组织、每个工作站的材料、结果和评估等方面。

学生分组

在课内翻转中合理分组，最大限度增加学生之间的互动。你可根据熟练程度、学习风格、学习需求或兴趣给学生分组。

一旦你对课内翻转有了一个完整的计划构思，它就会进行得更顺利。

3. 拥抱混乱

一些教师极力避免课堂混乱。对课内翻转而言，混乱是一种优点，因为只有经历混乱才会有更深入的学习。在课内翻转过程中，尤其是第一次尝试时，课堂可能会失控。在工作站中摆放桌椅、往墙上张贴材料、在容器中放入实验材料、切割纸张、决定多少学生先做什么、设置计时器等等，所有这些都可能营造一种疯狂的氛围。但一旦你和学生掌握了翻转窍门，你就不再想掌控一切。通常情况下，“混乱”似乎与“纪律”（学生应安静、有序）相矛盾。在课内翻转中，学生有机会四处走动、发挥创造力、展示学习成果；从长远来看，这有助于形成更加个性化的纪律观念。

4. 留意慢节奏的学生

课内翻转的一大好处就是能实现差异化学习。当你计划课内翻转时，慢节奏的学生将从分层活动中受益。重点是给所有学生传递这样的信息——不必快速完成，但要通过活动彻底、深入地理解内容。你可以增设“飞毛腿”工作站，确保慢节奏的学生不会匆忙完成。

“飞毛腿”工作站能在许多方面实现差异化教学。首先，它消除了慢节奏学生的压力。其次，它向动作快的学生表明，所有学生的个人能力都值得尊重。最后，它为动作快的学生提供了有趣、有挑战性、更高水平的任务，帮助他们快速成长。

5. 慢慢开始

课内翻转需要大量计划（你可能会有疑惑）。试图每节课都实现课内翻转只会让你和学生筋疲力尽。课内翻转会给课堂带来新鲜感，但如果做过头了，新鲜感就会减弱。所以，慢慢开始。充分计划第一次课内翻转，从自己的错误中吸取教训。一次次重复，你就会做得更好，但也要注意适度。

6.针对最复杂的内容展开课内翻转

课内翻转可以帮你在整个课程中将学生区分开来、与学生站在一起，因此，请考虑为复杂内容保留这种翻转模式。教师应该修改教学大纲，找出学生困惑之处，在课堂上展开翻转。

7.保持指令简洁

混乱是好的，但困惑不是。为课内翻转设定指令时，请站在学生的角度思考问题，把一切问题简单化。用模型、图纸、数字等完善指令，使其更明确清晰。

在工作站工作时，要确保墙上或每个工作站中都有指令。在现场配置中工作时，需要统一提供指令或给每个学生一份副本。指令的简洁度、清晰度和可读性将决定课内翻转的成功与否。

8.从学生处获得反馈

成为职业教育工作者的一个重要部分是成为一个反思型实践者。课程可能并不总是如你所愿，所以你必须灵活应变，不断改进。

要想知道自己表现如何、学生们对你的课内翻转反应如何，不妨直接问他们。你可以让学生填写一份简单的离场调查，也可在课后使用网站收集学生（对你课堂）的印象。你会在学生的认知中发现有价值的见解，这将帮你塑造教学实践、完善教学设计。

9.从同事处得到反馈

分享、协作和反思是翻转学习职业教育者的理想特征，而来自同事的反馈也是必不可少的。在工作中独行必不会长远。将客观性及同事的经验考虑在内，你可能会有新的发现。不要犹豫，分享你的经验教训，与其他教育工作者展开讨论。这一实践将有助于你的教学和个人成长。

10.永远要有B计划

对于任何教师来说，制订一个B计划都是一个好主意，而对于课内翻转实践者来说，这更是必须的。举个例子，你正准备用设备开展课内翻转，经常会有人忘带耳机或在活动开始前耳机突然坏了；由此可见，准备一副备用耳机十分必要。翻转学习大师乔恩·伯格曼分享了一件关于“机智”的趣事：

我第一次展开翻转是在飞机上，当时，在飞机结束飞行后我看到工作人员打算把所有耳机都扔掉，于是便问能不能把这些耳机给我，并解释说我是一名教师。听到这里，空乘人员免费给了我一袋崭新的耳机。虽然是很便宜的款式，但是这些耳机用了很长时间。

在诸多需要创造力的实例中，上例只是其中之一。希望你能明白我们的用意，利用智慧找到解决方法，化解课内翻转过程中遇到的各种问题。

希望上述建议能帮你开始课内翻转，让你少走一些弯路！

第10章

问责措施

本章涉及国际教育技术协会的几大标准：

2.6　推动者

教育工作者利用技术促进学习，帮助学生达到国际教育技术协会给学生定下的标准。教育工作者将：

- 创造学习机会，考察学生使用设计过程、计算思维来创新、解决问题的能力。

2.7　分析师

教育工作者理解并使用数据来推动教学，帮助学生实现学习目标。教育工作者将：

- 利用技术为学生提供多种展示能力、反思学习成果的方式。
- 为适应学习者需求，利用技术设计、实施多种形成性评价和总结性评估、及时向学生提供反馈，并为教学提供信息。
- 使用评估数据指导进度；与学生、家长、教育利益相关者沟通，建立学生的自我导向。

尽管你经常在课内翻转过程中监督学生学习，但这并非必须。学生可以在课上汲取知识，但教师无法完全理解他们头脑里在想什么。学生了解你提供的内容吗？如果没有问责，这一点恐怕很难得知。教师应当设计活动，促进深度学习，牢记自身责任。

我们已经找到了一些有效的方法，使课堂的每个阶段都包含问责制。以下是我们最喜欢的几种方法。

即时响应系统

如果方便应用技术，你可以使用Kahoot!、Socrative和Plickers（基于游戏的课堂互动平台）来确保学生对内容的理解。可以在输入活动结束时添加一个这样的活动来测试学生，然后再开展另一个活动。举个例子，在工作站轮换过程中，我们可以添加一个Kahoot！测试来检验学生是否完全理解。如果所有问题都回答正确，他们就可以进入下一工作站。同样，你也可以把它作为任务汇报练习。我们已经在课程开始和结束时使用这种测试来评估学习效果。

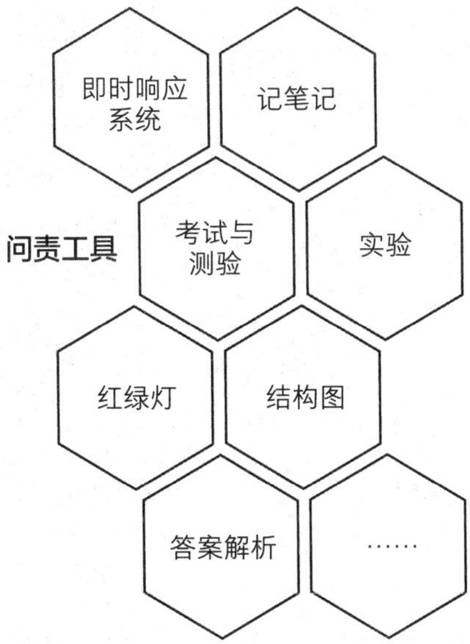

图10.1　问责工具

涂鸦笔记和笔记

涂鸦笔记和定期做笔记能督促学生对自己的学习负责。在职业生涯早期，我们发现学生的笔记还停留在初始阶段，于是我们开始探索不同的记笔记方法。这就是我们如何发现涂鸦笔记的经过。现在，涂鸦笔记成了学生们学习的好帮手！在使用字母、符号和图画（如果学生喜欢挑战的话）的过程中，记笔记成了一个积极、有趣的过程。在工作站轮换计划中，我们要求学生将涂鸦笔记作为一种策略，这既能帮助他们理解内容，又能使他们从其他资源（如视频或阅读）中做笔记。学生们可以单独完成，也可以合作完成（多名学生一起创作涂鸦笔记）。

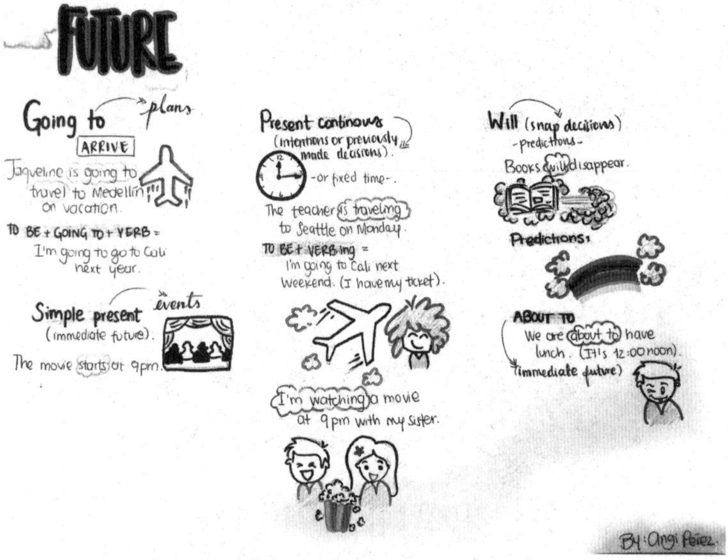

图10.2 “将来时”涂鸦笔记

测试或测验

为了让学生了解自己对某一主题的掌握程度，我们通常会在课程结束时进行测试或小测验。你可能会发现，在课内翻转文化中，测试和小测验给学生带来的情绪负担有所减轻。

学生们在考试前可能仍会稍感压力，但我们发现，在深入学习课堂内容后立即参加考试，他们会感到更放松。

实验

在科学课上，实验是一种很好的问责措施。学生可能需要确定实验所需元素或遵循测试过程中的步骤。课内翻转中的实验能帮助教师了解学生是否已掌握材料。

红绿灯问责

这项活动很难命名，但我们希望“红绿灯”这种说法能方便大家理解。我们希望学生不仅能理解，还能精通所学内容。因此，我们想到用红绿灯的颜色来表示对内容的理解程度：红色表示“停止并复习”，黄色表示“继续学习、继续复习”，绿色表示“准备好进入下一话题”。

你可以创建一个简单的表格，上面标记学生姓名和课内翻转活动数量，用彩色圆点贴纸或彩色标记填写图表。当学生们觉得自己已掌握某一话题时，他们就会向你反馈。师生交谈过后（实际上这是一种非正式的测验），你就可以选择他们应得的贴纸颜色。绿色表示前往新工作站或参与

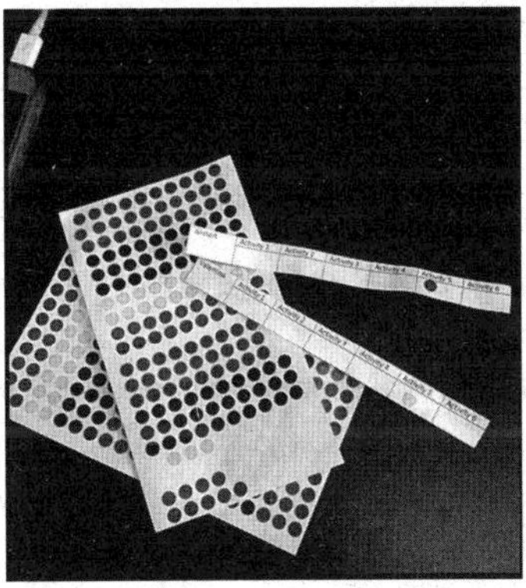

卡罗莱娜 · R. 布伊特拉戈 @crbuitrago　5月8日
今天我为学生们做了一副小贴画来记录这6项活动。
随着我们的学习，学生表现出了对内容的深刻掌握……#翻转学习

图10.3　红绿灯贴纸

新活动，黄色或红色表示在当前工作站获得更多技能。这种简单、直观的方式对学生来说很有效。

结构图

结构图是一种有效的学习工具，也是教师的评估来源。结构图能够让思维过程可视化，同时也能帮助学生组织想法，更好地理解主题。创建结构图时，学生会倾向于以一种更结构化的方式思考。

答案解析

为活动提供答案参考是一项极佳的实践，学生可以在完成指定任务时检查成果，这有助于他们培养自主性，也能让教师更好地把握学生的理解程度。

无论你是通过测试、测验、结构图还是实验来检查学生对自己学习的责任心，提供能让学生对学习负责的活动都是很重要的。

思考

你认为上述问责举措中哪一项最有用?

世界各地的课内翻转

我可以在学生需要时提供帮助。我会选择更困难的概念来完成课内翻转。

——乔安妮 · 沃德（Joanne Ward），中国台湾的一名数学教师

学生们很投入，这是一种可控的混乱。

——丹尼尔 · 拉姆斯登，

加拿大安大略省多伦多圣迈克尔学院 K-12年级的一名数学和会计专业教师

第11章

解决常见问题

本章涉及国际教育技术协会的几大标准：

2.1 学习者

通过向他人学习、与他人合作，教育工作者探索已被证实的且有前景的实践，从而不断完善自身实践，利用技术提高学生的学习能力。教育工作者将：

- 设定专业学习目标，摸索、应用依靠技术优势形成的教学方法，并反思其效用。

2.4 合作者

教育工作者与同事、学生合作，改进实践，发现新资源，分享新灵感并解决问题。教育工作者将：

- 与同事合作，利用技术创造真实学习体验。
- 与学生合作、共同学习，发现、使用新数字资源，诊断并解决技术问题。
- 使用协作工具，与国内外专家、团队、学生线上交流，丰富学生的真实学习体验。

2.5 设计师

教育工作者设计真实的、学习者驱动的活动和环境，从而认清并适应学习者的可变性。教育工作者将：

- 利用技术创造、调整、打造个性化学习体验，以此推进自主学习，适应学习者之间的差异和需求。
- 设计符合内容领域标准及实际情况的学习活动，利用数字工具和资源，实现主动学习、深度学习效用的最大化。

- 探索、应用教学设计原则，创造创新型数字化学习环境，以此鼓励学生学习。

当我们推出新教学策略时，总会遇到一些困难。比如说传统的翻转需要学生或家长认同。但对于课内翻转而言，困难往往出现在教师脑海中。有些教师在尝试新思维方式时感到不适，决定谨慎行事、停留在舒适圈。一旦教师愿意走出舒适区，学生的积极参与和学业进步很快就会说服他们，让他们相信自己做出了正确的决定。下一节中，我们将探讨教师在课内翻转时遇到的两大障碍及克服障碍、取得成功的方法。

教师心态挑战

第一大障碍是西蒙·博格（Simon Borg）提出的“教师认知”。它指的是教师（和管理人员）对自己和教育的想法、了解和信念。教师的信念是强大的，能帮助教师对学生学习做出决定。我们在这一范畴内确定了五大心态挑战。

心态挑战1：抵制创新实践

实践课内翻转时可能会遇到一些阻力，就像在引入创新实践时经常遇到的情况一样。这种阻力可能来自管理部门或同事，批评或怀疑通常来自学校管理者。一些管理者认为变化和“混乱”并不可取。因此，你可能需要克服一些阻力。

如何面对他人异样的声音？

- 直面阻力、与之斗争。你可能不想在员工会议上争吵，但几次争吵也许是值得的。在课内翻转过程中你将完成突破性工作。请坚持理想并鼓起勇气捍卫它们。你没做错任何事，课内翻转会产生让同事、管理者惊讶的结果。

- 分享教学经验和教训。眼见为实，让同事信服某件事最有效的方法就是展示给他们看。你可以邀请同事来看看你的翻转课程，或者拍照向他们展示其工作原理。创建博客分享教学经验和实践是我们的一大应对之策。此外，我们还邀请同事们到教室里参观。参观过后，不止一位同事和管理者接受了课内翻转的想法并亲自实践。

- 让管理者和家长参与进来。你可以计划一次关于课内翻转的课内翻转，邀请学校管理者来看看它是如何运作的。你也可以在开放日或家长会上完成一次课内翻转，向家长介绍孩子们是如何在课上学习的。如果家长对孩子的学习感到满意，他们一定会向教师提供大力支持。

心态挑战2：教师对纪律的定义

教师们常常把纪律看成学生在整个课堂上保持安静的能力。这种观念可能会成为教学的障碍。学生活泼好动，好奇心强，一直在发现世界上的新事物。然而，传统教育模式迫使他们违背学习者的天性，以成年人认可的模式规范自己的行为。这样一来，被动的学习环境与秩序井然的课堂同义，自然也就不会给主动学习留有任何空间。

如何克服这种有缺陷的纪律观呢？

- 营造灵活的课堂环境。在翻转学习过程中，课堂环境应该是灵活的。这意味着教师应该调整课堂空间，以便学生可以在不同环境中接触知识、展开练习。课内翻转配置有助于灵活调整课堂环境，促进主动学习。这样一来，学生们有特定任务要完成，通常就会集中注意力，更好地利用时间。你会惊讶地发现，当学生们主动学习时，教室会变得多么安静。但同时你也要为课堂上的嘈杂做好准备，噪声大小会因你为学生设置的任务类型而异。

- 接受暂时的混乱。教师们之所以不愿尝试课内翻转，其中一个原因在于这样做往往会造成嘈杂和混乱。但这种混乱只是暂时的，是主动学习的直接结果。一旦学生们专注于任务，噪声和混乱就会被翻转所提供的深度学习所取代。对混乱的恐惧是控制欲的体现，而课内翻转要求你适当减少控制——记住这一点，我们将在下一节中进一步探讨。

心态挑战3：教师的控制欲

在传统的教育环境中，教师一直扮演着站在讲台前的角色。对许多教育者来说，减少控制欲是一种挑战。许多教师认为，他们与学生之间应该保持一定距离，这样才能获得学生的尊重和认可，使自己成为课堂上的权威。但在今天，我们更希望教师成为学习的促进者而非终极权威。

如何面对来自自身的阻力？

- 选择放手！用简·金（Jane King）的话来说，教师不应该再做“舞台上的圣人”，而应该成为“幕后的向导”。如果能在教师的支持下获得学习自主权，学生们就会感到自己被赋权，可以充分发挥自身潜力。教师要减少控制课上每一件事的欲望，让课程有机展开。若选择放手，你就可以为学生提供帮助、引导他们为自己的学习做决定，指导他们选择不同的学习方法。在翻转过程中，你建立起一种转变学生和教师角色的学习文化。减少对课堂的控制，学生可能会更乐于参与、合作。

心态挑战4：低估学生的能力

有些教师仍视学生为空杯——这些空杯等着教师用知识填满。这种对学生的看法是当今世界，尤其是翻转教学的一大障碍。有的教师认为学生无法独立完成高阶思维任务；也有教师认为不管多少岁，学生都没有能力独立为自己的学习做出决定；更有甚者竟全盘为学生做主。如果我们事事都为学生做主，那么何时才能培养出自主学习者？我们究竟在向他们传递什么信息？

你如何改变对学生的看法？

- 信任学生。如果你信任学生，那么即便是年龄很小的学生，也会让你大吃一惊。正如丽塔·皮尔逊（Rita Pierson）在TED演讲中所说，每个孩子都需要获得支持。“孩子们只是需要一个相信他们能出类拔萃的成年人。”如果教师是第一个告诉学生他们不能做某事，或只有靠教师的帮助他们才能获得成功的人，我们又怎么能期望学生自主发挥全部潜力呢？同样，当父母帮孩子做作业时，他们其实是明确传递了“你做不到”的信息，导致有能力的孩子转变为依赖他人、不自信的个体。不要让你的学生产生这种依赖。
- 我们应该信任学生，给他们提供挑战、犯错和学习的机会。因此，在设计课内翻转时，不要害怕一些复杂、高阶的思考任务，要为学生提供相互评估、自我评估的机会，允许学生自己做决定，鼓励学生掌握自己的学习过程。让他们知道你相信他们能做好。

心态挑战5：缺乏解决问题的能力

在课堂上遇到困难时，你会惊慌失措吗？你是否觉得有必要控制每一个细节，从而避免出现问题？在计划课内翻转的过程中会出现很多障碍，但逃避并不会让你成为一名优秀的职业教育者。接下来我们将讨论以下几点——任何不便出现时，它们都能成为你的救星。

如何为意外的教学情况做好准备？

通过预测可能出现的问题来当场做决定。当困难出现时，最好的方法之一就是做好准备。以救生员为例，之所以要在培训救生员上投入大量时间和金钱，是因为如果训练时间够长，他们就更有可能知道当危机情况出现时该怎么做。课内翻转教学也是同理。我们需要预见可能出现的障碍，并当场想办法解决它们。作为本书作者，我们在过去实施翻转的过程中经历了许多挫折，现在你可以从我们的错误中获益。

- 误判：假设你为班级计划了一次小组活动，但有些学生没来。这样一来，实际的每组学生数量就与预期不同。

解决方法：将学生重新编号，创建新组或以其他方式（如根据星座或衣服颜色）分组。例如，如果有20个学生，原计划分成5组，每组4个学生，但只有18个学生来上课，那就分成6组，每组3个学生，继续课程。

- 材料难度大：对学生来说，课上学习的内容比你预期的更难掌握，他们需要更长时间来理解信息。

解决方法：如果你正开展工作站活动，请取消一个工作站（别担心！你可以在其他时间完成这项活动）。此外，在规划工作站时，要预料到这种可能性，计划一些可以轻松删除、替换的低阶思维任务。记住，你不必在一天内完成工作站任务。如果你正开展单人、结对或小组翻转，那就让学生决定要花多长时间。不要为日程安排而匆忙开展练习活动。理解是掌握主题的关键，所以要灵活做出调整。

- 时间不够：你设计了太多的工作站活动，学生似乎担心他们没有能力或时间完成全部活动。

解决方法：改变计划！没人要求你必须在一节课上完成整个课内翻转。一次成功且完整的课内翻转可能需要两次课程。记住，你的学生将学到更深层次的知识，多花一点时间体验所有工作站对他们来说利大于弊。

- 时间太多：你设计了一个你自认为对学生来说比较难的工作站任务，结果学生反映任务很简单。突然间，你面前出现了一群动作迅速的学生。

解决方法：如果有两个类似的工作站，让学生交换。或者，为动作快的学生设置一个独立的工作站，让他们在那里玩游戏、解决问题、填写问卷等。

对班级和学生的了解将决定你的实践。借用卡罗尔·德韦克（Carol Dweck）口中的“成长型思维”来说，这绝对会改变你的游戏规则。如果你已经读到这里，就意味着你已经产生了这种思维（或正朝着这种思维努力），并准备在课堂上做出大的改变。

规划方面的挑战

第二类障碍与规划相关。考虑到细节和计划的完善程度，前几次课内翻转可能颇具挑战。但好在我们在课内翻转方面已有些经验。在下节中我们将分享自己的见解，帮助你避免同样的错误和困难。

规划挑战1：时间

规划课程是一项耗时的活动。且由于是许多活动同时进行，规划课内翻转还可能带来其他挑战。你需要将翻转可视化，绘制自己的“课内翻转蓝图”，如准备资源、复印、绘制或打印你的工作站标识、录制教学视频、创建或策划内容等等。课内翻转的规划时间应与你的传统课程规划时间相仿，特别是当你经验比较丰富的时候。

从长远来看，我该如何合理规划时间？

- 提前思考。年初计划教学大纲时，试着确定你可能想在课内翻转中涉及的主题。这样，你就可以提前思考需要准备的内容和练习材料。也许你可以将以前课程的材料转化成课内翻转。

- 准备长效材料并重复使用。首次推出新策略时，规划可能需要花费很长时间。例如，第一次设置工作站轮换配置往往需要花费额外的时间和精力。所以请准备长效材料并重复使用，如层压（层层重叠）、重复使用棋盘游戏、纸牌游戏、剪纸，副本等。制作并层压通用工作站标识，这样你就可以轻而易举地贴上带有当天所做活动名称的不透明胶带。关注未来，尽可能发掘可重复使用的材料。

- 整理材料以备立即使用和将来参考。除了选择长效材料外，将其整理妥当以备将来使用也至关重要。如果你开发了数字材料，一定要把它们保存在易检索的文件中，方便下次教授同样课程时找到。没有什么是比花时间创造了一些很棒的东西却在使用时找不到它们更令人沮丧的了。如果是实物材料，你可以给它贴上标签，并选择一个特定容器或抽屉来安全存放。你也可以效仿乔恩·伯格曼在实验室里的做法："我会用塑料盆装某一活动所需的所有物品。等我第二年或下学期再来的时候，我只要找到塑料盆就可以了。"

规划挑战2：空间组织

为了让课内翻转良好开展，我们需要在空间上有一定的灵活性。最好能有个灵活的空间，这样学生就能确定学习内容呈现的区域。很可惜，在有些教室里课桌是固定的，空间也很有限。但你可以利用自身的创造力，找到优化空间使用的最佳方法。不管空间限制如何，课内翻转都可展开。

我该如何组织课内翻转空间？

随机应变，能用则用。我们成功地在一个座位固定的礼堂里完成了一次课内翻转。相信你也能做到！想要合理规划空间，你可以试试如下做法：

- 地板：你可以让学生坐在地板上完成一些需要大平面的活动，如制作海报。
- 椅子：如果没有桌子，你可以用椅子代替。
- 墙：墙可以变成工作站。让学生在完成不同任务的同时，站起来沿着墙壁轮换。
- 户外：如果对场地和天气有要求，你可以去户外开展活动。

如果调整空间并不容易，不要气馁。只要有意义，学生们就不会介意学习的地点和方式。只要你表现出充分利用资源的意愿，他们就愿意灵活使用你所提供的资源。

规划挑战3：组织学生

规划空间是件麻烦事，组织学生完成课内翻转也是一项挑战。将课内翻转所涉及的方方面面都考虑到可能是项艰巨的任务，但这样做确实能够优化教学。

组织学生时应注意什么？

灵活确定课内翻转分组标准，制定分组策略表，包括但不限于：

- 技能水平：根据学生的技能水平分组，这样就可以让高水平和低水平学生在同一小组内工作。应用这种分组方法，就可以在课内翻转过程中实现课堂辅导。
- 兴趣：有时你可以根据学生的不同兴趣分组。学生们会表现出对某些话题的偏好，你可以利用这一点，让音乐家、体育迷、潮流达人、电脑极客、游戏玩家、环保主义者、动物保护主义者、素食主义者、社交媒体发烧友等在课上一起工作。

- 学生的学习偏好：允许学生根据自己的学习偏好学习。把动觉型、视觉型和听觉型学习者分到一组，根据他们的学习偏好专门安排任务。

- 随机分组：你也可以把没有倾向于使用哪一种教学方式的学生分到一组，只是简单地让他们混在一起。例如，你可以按照1—5给学生重复编号，相同编号的学生分为一组。但如果你觉得自己更有创造力，也可以借鉴我们在课上使用的技巧，我们将在下面做出解释。

- 扑克牌：上课前数一数班上有多少学生，用扑克牌给他们分组。按学生人数从扑克牌中数出相同数量的牌，每张牌选2—4张（假设你班上有15名学生，则对应：3张A + 3张J+ 3张K+ 3张10 + 3张Q = 15张）。洗牌后给每个学生一张牌，然后叫出卡片的名字，持相同卡片的人分为一组。

- 小物件：在课程开始时，随机给学生一些小物件，可以是各种糖果、彩色石头、棒棒糖、彩色棒、彩色铅笔、贴纸、玩具、纽扣等，然后用这些小物件来分组。你可以招呼一声："拿绿石头的同学分为一组。"

图11.1　用扑克牌分组

规划挑战4：给出明确指示

课内翻转的一大障碍就是缺乏明确指示。例如，在工作站中，不同学生所学内容不同，为避免混乱和延误，明确指示至关重要。指导不当会把整个班级搞得一团糟。此外，规划指示时不要忽视学生之间不同的学习方法，有些学生可能不明白你想让他们做什么。

怎样才能给出明确指示？

使指示可见。对一些教师来说，给出翻转指令很有挑战性，尤其考虑到现在不是口头授课，而是靠自己创建并策划的书面、音频或视频指导。

若课内翻转是在工作站内完成的，你可以制作小海报，贴在每个工作站前的墙上或桌上，这样学生在工作时可随时参考。

若课内翻转是在现场组织，你可通过多种方式让学生获得指示，如把指示贴在教室桌子上，或通过视频、谷歌文档、音频、幻灯片、维基百科等提供线上指导。

准备明确的指示可能很耗时，但却是必要的。学生只有在完全理解教师的期望后才会专注于活动。有些教师认为，规划课内翻转的变量之多，令人生畏，但至少现在你知道这些变量是什么了。提前准备绝对是课内翻转成功的关键。

思考

本章中提到的哪些问题最令你困扰？你认为我们提出的解决方案有帮助吗？你能想到其他解决方案吗？

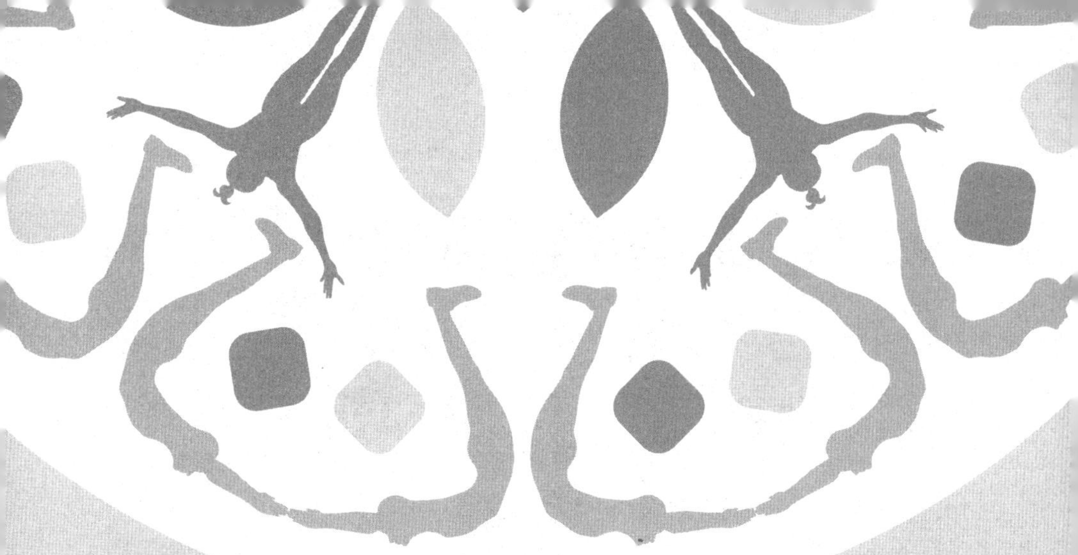

第12章

助力课内翻转的技术工具

本章涉及国际教育技术协会的几大标准：

2.1 学习者

通过向他人学习、与他人合作，教育工作者探索已被证实的且有前景的实践，从而不断完善自身实践，利用技术提高学生的学习能力。教育工作者将：

- 设定专业学习目标，摸索、应用依靠技术优势形成的教学方法，并反思其效用。

2.2 领导者

教育工作者寻求领导机会，鼓励学生参与课堂、取得成功，致力于改善教学水平。教育工作者将：

- 倡导在教育技术、数字内容、学习机会方面实现人人平等，满足所有学生的多样化需求。

2.3 公民

教育工作者鼓励学生负责任地参与到数字世界中并作出积极贡献。教育工作者将：

- 打造学习文化，增强对线上资源的好奇心和批判精神，提升数字素养和媒体流畅性。

2.5 设计师

教育工作者设计真实的、学习者驱动的活动和环境，从而认清并适应学习者的可变性。教育工作者将：

- 设计符合内容领域标准及实际情况的学习活动，利用数字工具和资源，实现主动学习、深度学习效用的最大化。

2.6　推动者

教育工作者利用技术促进学习，帮助学生达到国际教育技术协会给学生定下的标准。教育工作者将：

- 在数字平台、虚拟环境、动手创客空间或现场教学中合理使用技术，科学地管理学生的学习策略。

思考

在开始本章内容之前，回顾一下你在课堂上应用过的科技，思考如何将其融合到课内翻转的过程中。

技术日新月异。今天的创新在明天看来可能就是老生常谈。在一个新工具层出不穷的世界里谈论技术是很困难的。我们将分享那些帮助我们实现课内翻转的技术工具。你必须自己决定使用哪些工具，一些工具适合规划，另一些适合执行课内翻转。

安排学生的学习时间

数字工具有助于计时。例如，在有序工作站轮换中，计时至关重要。在工作站中断学生的工作既困难又耗时。表12.1中的在线计时器能帮你改善这种情况，让你能控制学生在每个工作站上花费的时间。

表12.1 电子计时器

工具	描述
EGG计时器 e.ggtimer.com	界面非常简单：时间一到，它就会显示一个屏幕大小的计时器，并发出响亮的嘟嘟声。易于操作，运行顺畅。
线上计时器 online-stopwatch.com/countdown-timer	该网站提供了不同种类的时钟（沙钟、象棋钟等）。不同的计时器布局对学生很有吸引力。请注意音量大小，有些选项的"时间到"会带来很大噪声。

正如你所预料的一样，任何计时器（无论是智能手机或平板电脑上的计时器，还是厨房计时器、定时码表等）都可以起到同样的作用。选择自己喜欢的工具即可。

制作视频

你可以通过视频分享课程内容。通常情况下，工具越简单越好。伯格曼和萨姆斯提出你应该问一问自己，"我是想要一个完美的视频，还是想在周二之前完成？"表12.2介绍了各种帮你轻松制作视频、录屏的工具。

你会渐渐找到自己最喜欢的工具。

视频观看问责

翻转学习呈指数级增长，每天都有越来越多的网站提供翻转服务。许多翻转学习环境中的一个重要部分就是让学生对他们所观看的内容负责。表12.3给出的两个网站比较好用，能保证学生对自己所观看的内容负责。

表12.2　视频、录屏工具

工具		描述
录屏	幻灯片+ Screencast-o-matic screencast-o-matic.com 观看示例 bit.ly/3eDZphY	Screencast-o-matic 可制作精美、直观的视频，是我们到目前为止找到的最便捷的工具。该工具很好操作，可录制15分钟的视频，提供多种视频存储选项。
制作视频	Du Recorder du-recorder.com 观看视频，了解如何使用Du Recorder bit.ly/2B8lWWg 观看使用 Du Recorder 制作的视频样例 （后用We video编辑） bit.ly/2OCw3W	现在用手机就可以制作精彩视频。玛莎的笔记本电脑坏了，但幸好Du Recorder在手机上也能用。有了这个应用程序，你可以在手机上录视频或录屏，画质和音质都很好。另外，这个工具可随身携带，你随时随地都能制作视频。只要手机内存允许，再大的视频Du Recorder都可容纳。
设计	Canva canva.com	能制作图片、视频的网站有很多，但Canva在设计、用户友好性和选择方面最为出色。你可选择任一主题，为学生制作好看的海报；也可以利用Canva制作结构图、幻灯片、简历、工作表、信息图以及分享到社交媒体上的图片。

表12.3 视频观看问责工具

工具	描述
Playposit learn.playposit.com/learn	Playposit是一个完善的平台，可增加视频互动性并保证学生深入学习。它提供了不同类型的问题（免费提供自由回答、多选和反思）；同时还设有监控工具，帮助教师进行监督。
Edpuzzle edpuzzle.com	Edpuzzle提供了一款移动应用程序，方便学生利用视频学习。使用者可以为视频添加语音注释和文件。你可使用所有功能免费创建10次课程。

我们希望能保证学生在自学时专注并投入其中，希望帮助学生充分利用他们所使用的材料。增加视频互动性对此有所帮助。随着时间的推移，上述网站还可以帮助学生学习如何集中注意力并参与到所有视频中，而不仅限于提供上述功能的视频。

这些网站的另一大用途是实现策划内容的个性化。这样一来，即便有繁忙的日程安排和繁琐的视频制作，你也不会打消自己实现课内翻转的愿望。你可以在Youtube或Vimeo等网站上找视频，并对其进行个性化设置。你可使用上述工具给这些视频添加评论、反思和问题，并根据学生的需要进行修改。

阅读问责

你不需要视频来翻转课堂。有时学生能从一篇文章中获得同样多（甚至更多）的知识，但我们需要想办法保证学生能够彻底理解课文。有时学生缺乏深入阅读、实现学习成效最大化的策略。你可以用一个简单的技巧来帮助他们——手动加注。表12.4分享了几个提供此功能的网络工具。

表12.4　阅读问责工具

工具	描述
主动学习 （Actively Learn） activelylearn.com	主动学习网站： • 允许教师在PDF文件和其他文本格式中增加互动。 • 添加评论、问题、亮点、词汇等。 • 让学生参与到内容中，保证更深层次的思考。
嵌入式学习 （Insert Learning） insertlearning.com	嵌入式学习属于浏览器扩展，能帮助教师优化其他网站。这个工具的力量无穷——你可以高亮显示、注释文本；添加问题、词汇、图片，甚至是视频链接；你还可以利用你想使用的任何网站内容。
Perusall perusall.com	Perusall网站由哈佛大学的埃里克·马祖尔教授开发，可免费应用于大多数主流学习管理系统。如果你想把视频作为一种向学生展示内容的方式，Perusall是个很好的选择。 Perusall是一个社交学习平台，教师可以： • 上传文章、PDF文件，甚至图书供学生使用。 • 将阅读任务转变为有意思的集体活动。 • 在线实时标记、评论、讨论阅读材料。

如果教室里能联网的话，你真的可以从这些工具中受益。

规划现场课程

即使不需要技术来规划课内翻转，如下工具也可帮你构建自主课程，让学生按照自己的节奏学习（见表12.5）。

表12.5　现场课程工具

工具	描述
谷歌 google.com	对高质量的超文档来说，谷歌套件中的所有工具都会派上用场。它们能帮你整合布鲁姆认知分类法的不同层次。你可考虑将其链接到本章中介绍的其他工具。
Go Formative goformative.com	Go Formative : • 使用免费工具规划完整课程。 • 使用现成课程或自己的文档。 • 通过提问增加课程互动。帮学生按照自己的节奏学习，避免其迷失方向。
Padlet padlet.com	免费数字墙Padlet可一次性显示所有学生的回答，允许以不同方式给出回应。学生们可以添加动图、视频，或画出、写出他们的答案。Padlet对提供反馈和学生提问很有帮助。
Flipgrid bit.ly/3jejwGW	在视频数字墙Flipgrid上，学生可通过视频回答你的任何问题。如果他们觉得露脸不太舒服，可以使用虚拟形象。有了这个工具，你可以直接从网站上通过电子邮件给出反馈，学生们也可以互相评论对方的视频。你也可以很轻松地将其融入在线课程。

有了这些工具，你就可以构建自动化的问责机制，在课程的不同阶段对学生的掌握程度展开线上检查。此外，你还可以将课上注意力集中在学生需求上。

即时响应系统

若想检查学生是否理解、记住了他们在视频中看到的内容，你可以创建一个带有游戏化测验的工作站。即时响应系统是一种在线工具，可以让教师提前准备问题。学生们使用智能手机、平板电脑或台式电脑作出回应。这类工具允许学生修改自己的答案，并对照正确答案检查（自己或与老师一起），其游戏化特性提供了兴奋感和适当压力，能起到引起学生兴趣的作用（见表12.6）。

表12.6　即时响应系统

工具	描述
Kahoot！ kahoot.com	Kahoot！是一个很棒的即时响应系统，提供了多种测试选项，包括小测验（个人和团队）、投票和杂耍游戏。你也可以把测验作为家庭作业。
Socrative socrative.com	Socrative提供了设计测验（个人和团队）、太空竞赛和退票的选项。你可以从中做出选择，其中还包括开放式问题。
Plickers get.plickers.com	Plickers是一款出色的即时响应系统工具，技术含量低。有了Plickers，你只需打印一组二维码，扫描获得答案。学生们也喜欢用Plickers而非电子设备来展示答案。这样一来，你只需要一部手机（你自己的手机就可以）来扫描学生的二维码，一个演示工作站来展示问题。

学生们觉得这些工具很有意思。如果你没法创建工作站来检查学生对视频内容的掌握程度，那么这些工具可以为你和你的学生提供极大的乐趣，有助于你的学生内化所学概念。

播客

播客不失为一种为学生提供真实内容的好渠道。播客是一种便捷的资源，所有知识领域、所有语言都有免费的播客内容。此外，许多播客都允许用户创建自己的频道并上传他们制作的内容。这样一来，教师和学生就有机会创作自己的节目，在有需要时将其提供给大众。

游戏和模拟

游戏是学生的最爱。为达成学习目标，许多网站鼓励学生通过游戏来练习，或通过游戏创建自己的内容。还有一些有意思的模拟游戏可以帮助学生掌握概念。寻找到可以适应你教学环境的工具即可。

在线游戏是一种吸引学生参与互动的好方法。如果教室里有台式电脑或平板电脑，别犹豫，准备一个囊括这些游戏的工作站（见表12.8）。

表12.8　游戏和模拟

工具	描述
玩转课堂（Gamify Your Classroom） bit.ly/3taPqLz	该网站提供了一系列基于游戏的网站，你可以使用这些网站制作游戏，也可以在教学中加入提前设计好的游戏。品种繁多，供你选择！
Phet Interactive Simulations bit.ly/30kXhGL	在科罗拉多大学博尔德分校的网站上，你可以找到物理、生物和化学类的科学模拟实验，它们是按年级、水平和主题分类的。

思考

你学到了哪些可以融入课内翻转的新技术？

你最喜欢的工具：

在此处添加说明：

世界各地的课内翻转

学生需要的是随叫随到的老师。肯·罗宾逊（Ken Robinson）曾问道：“你怎么教育不同的孩子？”有个比喻可以很好地回答这个问题：众所周知，1928年黑白电视问世，20世纪五六十年代又有了彩色电视，但和以前的电视没多大区别；后来出现了空中电视台和数字电视，也都差不多。但网飞改变了这种模式，现在你可自主选择节目内容和时间，我们也需要给学生提供这样的选择。

——**希思·奇滕登**，新西兰奥克兰市阿什赫斯特学校校长

第13章

重新规划你的教学方法

本章涉及国际教育技术协会的几大标准：

2.1 学习者

通过向他人学习、与他人合作，教育工作者探索已被证实的且有前景的实践，从而不断完善自身实践，利用技术提高学生的学习能力。教育工作者将：

- 关注有关改善学习成果的研究，包括学习科学的发现。

2.2 领导者

教育工作者寻求领导机会，鼓励学生参与课堂、取得成功，致力于改善教学水平。教育工作者将：

- 发挥榜样作用，方便同事识别、探索、评估、策划、采用新数字资源和学习工具。

2.3 公民

教育工作者鼓励学生负责任地参与到数字世界中并作出积极贡献。教育工作者将：

- 创造机会，让学习者做出积极的、对社会负责的贡献，并在网上展示同理心，以此拉近关系、密切社区联系。

2.4 合作者

教育工作者与同事、学生合作，改进实践，发现新资源，分享新灵感并解决问题。教育工作者将：

- 与同事合作，利用技术创造真实学习体验。
- 与学生合作、共同学习，发现、使用新数字资源，诊断并解决技术问题。

- 使用协作工具，与国内外专家、团队、学生线上交流，丰富学生的真实学习体验。

2.5　设计师

教育工作者设计真实的、学习者驱动的活动和环境，从而认清并适应学习者的可变性。教育工作者将：

- 利用技术创造、调整、打造个性化学习体验，以此推进自主学习，适应学习者之间的差异和需求。
- 设计符合内容领域标准及实际情况的学习活动，利用数字工具和资源，实现主动学习、深度学习效用的最大化。
- 探索、应用教学设计原则，创造创新型数字化学习环境，以此鼓励学生学习。

2.6　推动者

教育工作者利用技术促进学习，帮助学生达到国际教育技术协会给学生定下的标准。教育工作者将：

- 在数字平台、虚拟环境、动手创客空间或现场教学中合理使用技术，科学地管理学生的学习策略。

2.7　分析师

教育工作者理解并使用数据来推动教学，帮助学生实现学习目标。教育工作者将：

- 利用技术为学生提供多种展示能力、反思学习成果的方式。

课内翻转适用于所有教学方法，使教学更以学生为中心。无论你目前的教学是问题型教学、游戏型教学、掌握型教学，还是其他教学方法，课内翻转都是个合适的选择。许多教师已成功将翻转学习与不同的学习模式相结合，利用课内翻转更进一步。

课语整合式学习

根据科伊尔、菲利普·胡德（Phillip Hood）和大卫·马什（David Marsh）的定义，课语整合式学习（Content and Language Integrated Learning，CLIL）是一种双重聚焦的教育法，在内容、语言学习和教学中使用另一种语言，主要应用于欧洲和拉丁美洲国家。在美国和加拿大，整合语言、内容最常见的方法是掩蔽教学观察模式（Sheltered Instruction Observation Protocol，SIOP）和基于内容的教学法（Content-Based Instruction，CBI）。尽管这些模式在计划和授课过程方面有所不同，但都意在支持世界各地的英语学习者（或任何其他语言学习者）学习。

通过课语整合式学习、掩蔽教学观察模式和基于内容的教学法，你可以在课堂中设计包容性实践。你教授数学、科学、社会学和艺术吗？你是否也会面临这样一种情况——教室里有英语学习者，但你却觉得教英语不是你的责任？在当今世界，包容是必须的。不考虑英语学习者（ELL，即以英语为第二语言的学习者）的适应情况就教授课程内容，意味着把这些孩子抛在后面。课语整合式学习、掩蔽教学观察模式和基于内容的教学法可以为英语学习者提供差异化教学。在本节中，我们将讨论如何在具体情况下使用这些方法，以帮助你了解这些方法（特别是课语整合式学习）是如何运作的。你可能还需要深入研究，以适应具体情况。

尽管课语整合式学习源自欧洲，但许多拉丁美洲国家目前都已成功应用。课语整合式学习化解了欧洲国家间流动需求带来的教育挑战，提倡21世纪技能框架，传播“我们需要教育学生成为未来好公民”的理念。课语整合式学习的运作遵循4C原则——内容（Content）、沟通（Communication）、认知（Cognition）和文化（Culture）。

- 内容：你希望学生学习的信息。这是所有老师在规划课程时都要考虑的问题。今天我要教学生什么？是光合作用的过程、分数的概念、20世纪欧洲的艺术运动，还是篮球比赛规则？
- 沟通：指语言。英语学习者需要何种语言来完成我在课上安排的任务？课语整合式学习的支持者建议考虑以下3种类型的语言：

  1.专业语言（解释概念、执行任务所需的词汇和结构）；

  2.应用语言（课堂交流所必需的表达和词汇，如辩论时使用的语言）；

  3.学中语言（教师无法计划但在整个课程中出现的语言）。
- 认知：学生在心理上对所接收信息的处理。在这个阶段，教师可以用布鲁姆认知分类法思考不同的认知任务，鼓励学生深入学习。认知也指学生在当今课堂和世界中获得成功所必需的批判性思维技能。
- 文化：是指课程内容与学生现实生活之间的联系程度（对周围环境的影响、与他人和社会的互动）。通过这个视角，我们可以看到教学、课程与学生的生活究竟有多少关联。

尽管课语整合式学习不是严格意义上的语言教学方法，但大多数语言教育者都有所耳闻。课语整合式学习可以很好地应用于任何班级，实现差异化教学，为英语学习者提供丰富体验。

如何在课内翻转中使用课语整合式学习

在课程规划中明确沟通对学生大有帮助。教师一般会把注意力放在实现教学内容的目的性方面。此外，大多数教师会利用策略来确保学生理解内容，从而巩固认知。

文化方面也是经过深思熟虑的。但关注内容的教师通常不会考虑学生在课上需要使用的特定语言（如词汇、结构）。如何在课内翻转中整合语言，请参考以下几点。

用特定语言创建锚图

锚图是一种在视觉上极具吸引力的海报，你可以：

- 通过设计强调某些课程要素；
- 做好准备工作，以便学生在整个课程中掌握两种语言（专业语言和应用语言）；
- 利用线上或线下方式开展。

在使用工作站时设立语言站

请记住：我们旨在利用课语整合式学习为英语学习者提供差异化教学；借助一个囊括表达、词汇表和双语或多语言海报或图像的“必要语言”站，你可以为班上的英语学习者或成绩不理想的学生提供帮助。

设定“新语言”墙

学生在阅读内容、完成认知任务时会遇到语言问题。你可能不是语言专家，可以先收集学生的问题，请教学校的语言老师，在下节课给学生们作出解答。重复几次之后，你就能预测出学生会在哪方面遇到困难，也就能根据学生的需求自定义锚图。

给英语学习者找语伴

最好的学习方式之一就是教学，你可以考虑展开同伴指导计划。同伴指导对教育者来说是一种有效的策略，语伴可以是那些擅长识别语言模式的学生。这些学生不必是语言教师，但他们可以帮助英语学习者及后进生更好地表达想法。

根据英语学习者的实际情况选择材料

当你准备输入内容时，请多考虑英语学习者——你可通过提问激发深度思考、解释高难度词汇并指出你不希望学生因语言障碍而错过的重要信息。你可以添加文本框或幻灯片来展示关键词，并在计划中时刻关注。如你所见，使用这些技巧不要求你成为一名语言学家，但在课程计划中添加这些小东西会对英语学习者的学习产生实质性影响。

思考

规划课程时你考虑过英语学习者吗？你以前是如何帮他们适应课程的？你现在打算如何帮他们适应课程？

项目式学习

翻转项目学习专家丹·琼斯（Dan Jones）将项目式学习（Project-Based Learning，PBL）定义为“一种学习工具，有助于增进学生的理解，展示他们对课程的掌握程度”。在他看来，当我们将项目式学习教学法与翻转学习相结合时，项目式学习就能顺利开展。根据琼斯的说法，翻转学习通过应用布鲁姆认知分类法，为持续地、综合性地进行项目式学习提供了时间。在这一过程中，学生主要专注于分析和创造，可通过设计的产品展示自己对知识的应用。接下来，他们会评估目前正在使用的信息和之前所学内容之间的联系。

琼斯认为，通过项目式学习，学生可以“以一种有形的、可体验的方式展示学习成果”。在项目式学习中，学生可选择如何展示他们的学习情况；同时，项目式学习也扩展了他们对内容的理解。琼斯提出了项目式学习的5要素结构：

1.重要的“为什么”和“怎么做”相关问题——它们引导了整个流程。

2.学习单元内的内容。

3.将学生研究视为学习的一部分。

4.产品创造。

5.团体包容性。

你可以用不同的方式来规划项目式学习课程。我们将举例说明如何在琼斯的结构中展开课内翻转，你可根据自己的项目式学习方法做出调整。

在他的课程计划结构中，琼斯提出了6个步骤：

1.单元前：学生自行研究项目的基本问题。

2.设计实验室：这组限时活动将引导学生回顾原有知识，探索协作式同伴学习。该活动由11个小活动组成，其中包括个人、结对和小组活动，在一节或多节课内展开。在设计实验室结束时，学生们已计划好他们想从事的项目。若想深入了解这一过程，你可以参考琼斯的《翻转课堂与项目式学习》（*Flipped 3.0 Project-based Learning: An Insanely Simple Guide*）。

3.翻转内容：设计实验室结束后，学生可以在家获取翻转内容，并为第二天讨论所学内容做好准备。他们会使用琼斯所谓的“转述”卡片（卡片上写有指导性问题）展开讨论。

4.实验和活动：接下来，要求学生做一些实验或活动。在现成的资源中可以找到内容合适的实验；也可仿照琼斯的例子，由老师设计实验，以满足特定需求。

5.项目申请工作：在项目申请阶段，老师直接提供支持，帮助学生理解和应用所学内容。

6.评估：最后一步是评估学生并对他们的学习负责。

课内翻转和项目式学习

你应该着重关注如何帮学生理解内容，这样他们就可以将内容投入应用，并创建项目展示自己对所学内容的掌握程度。使用项目式学习开展课内翻转时，翻转内容、活动、实验及项目支持是你需要考虑的主要因素。

以下是使用项目式学习规划课内翻转的技巧：

- 将活动与基本问题联系起来。设计活动或实验时要确保它们与内容一致、与学生试图通过项目回答的问题一致。把活动重点放在布鲁姆高阶思维技能上。
- 设计内容讨论工作站或活动。无论你是想使用问题卡，还是以其他方式鼓励讨论（通过游戏、面试等），都要找到一种让学生说话的方法。教师要为学生提供社交机会，同时探讨他们对内容的理解。
- 策划一个“项目创意”陈列活动。该活动可以是线性课程计划中的一个站点，在这里你可以要求学生向同学展示自己的项目想法。学生们可以通过迷你海报、涂鸦笔记、幻灯片、录音、视频或学习管理系统上的帖子来分享想法。该活动意在让学生们互相分享项目想法、完善创作过程。学生们可以通过评论、语音笔记、便利贴或贴纸等方式相互反馈。
- 使用项目反馈跟踪器。当你为不同学生的项目提供帮助时，可以对这些学生及需要跟进项目的主要方面展开跟踪。这一点对于大班教学特别有用。

综上所述，有许多方法可以将项目式学习融入课内翻转。一个很显著的好处在于，你和学生将实现项目任务的多样性和差异化。

思考

你是否将项目融入课程？你可以使用哪种课内翻转配置？还有其他选择吗？

掌握学习

卡拉·约翰逊（Cara Johnson）将“翻转掌握”定义为“使学生以灵活节奏学习的教学策略”，重点在于以最个性化的方式满足每个学习者的需求。使用这种模式，教师能够指导个别学生或学生群体，帮助他们达到为他们设定的学习目标。在学生们掌握当前目标之前，他们不会转向下一个新目标。

根据卡拉的说法，这种模式有5个主要好处：

1.消除学习差距。

2.灵活调整节奏。

3.重视错误。

4.实现更高学术成就。

5.对学生产生更高期望。

考虑到这一点，卡拉提出了一个涵盖4部分的课程周期：

1.预习：学生在家或课上学习新概念、新技能。

2.练习和学习：这些活动的重点是新内容。学生通过练习来展示他们对所学知识的理解。

3.掌握程度检查：学生展示对预习、实践和学习活动的理解。如果学生无法证明他们已掌握所学知识，就需要完成更多的练习活动，直到能够掌握为止。

4.总结性评估：学生展示所学内容之间的联系。若不成功，他们可在再评估前加以弥补。

课内翻转和翻转掌握

卡拉提到，课内翻转是“一种非常适合翻转掌握学习课程的策略”，提供了多种选择、不同节奏和差异化等好处。节奏是决定翻转掌握配置的关键元素。如果不能灵活地按照自己的节奏学习，那么对于一些学生来说，掌握任何内容都将变得更加困难。只要教师给出的方式能让学生灵活学习，所有课内翻转配置都能让学生掌握知识。

现场工作可简化“练习和学习”活动。学生可使用翻转内容，按照自己的节奏完成目标。你应该为学生提供一个能帮助他们掌握课程所学的工作计划——这样一来，学生就有学习目标及相应的“练习和学习”活动，可自行管理学习过程。

对于工作站工作，请考虑以下观点：

- 对半：用于辅导或反馈。
- 混合：用于实践活动，包括教师支持站。
- 有序：用于检查掌握程度。
- 循环：不同的翻转站。

在课内翻转中，请记住以下翻转掌握相关技巧：

- 提供“课程掌握”工作计划。无论是工作站还是现场工作，这都有助于学生了解下一步行动方向。工作计划可包含一系列学习目标及按顺序组织的相关活动。

- 提供教师支持站。当你利用课内翻转来支持翻转掌握模式时，有必要设立一个教师支持站。学生们按照自己的节奏学习，轮流参加不同活动，总会有各式各样的问题出现。教师支持站可以让他们在需要时得到帮助。

教师应当提供各种检查掌握程度的测验，帮助学生在继续学习前完全掌握所学。

教学焦点

在高中生物课上，卡拉设计了一节掌握课程，在课上学生们必须展示他们对心脏、身体动脉和静脉的理解。卡拉把教室布置在不同工作站和工作空间内，使用混合配置为同时进行的任务提供灵活性。一些学生在笔记本电脑上完成掌握测试，一些学生选择完成工作表；有些学生画出静脉和动脉，其他学生则在指定桌子上解剖心脏。与此同时，卡拉对其进行监控并提供反馈，在学生准备好时提供掌握程度检查，并在学生需要时提供额外帮助。

课内翻转帮我创造了一个掌握学习的环境。学生们的学习方式不同，需求也有所不同。允许学生在课上观看自选视频，可以及时指导学生继续深化理解。

——**卡拉 · 约翰逊**，美国得克萨斯州艾伦市艾伦独立学区的一名教师在提供多元选择、自定步调方面，翻转掌握学习在很大程度上依赖于课内翻转。学生可通过不同的方式获取所学内容，在课上不同时刻展开练习，从而从中受益。这两种策略无缝结合，为掌握所学创造了所需的学习环境。

课内翻转游戏化

游戏化的定义是“在某事物（如任务）中添加游戏或类似游戏的元素以鼓励参与的过程”。长期以来，教师在课堂上通过游戏来吸引学生，帮助他们把新知识与背景知识结合起来。如今，越来越多的教育工作者将游戏元素系统性地融入日常活动，以此吸引学习者的注意。雪莉·桑切斯·特雷尔（Shelly Sanchez Terrell）在新书《破解数字学习策略：在课堂启动教育技术任务的10种方法》（*Hacking Digital Learning Strategies: 10 Ways to Launch EdTech Missions in Your Classroom*）中提出了另一种选择——任务式学习。雪莉表示，任务与有意义的目标息息相关，“我们应该把学校课程、活动与有意义的目标联系起来，而不仅限于取得好成绩、通过考试”。这些模式给了我们的课程新的启发，整合了学生喜欢和想做的事情。

游戏化

你收到过“会员卡”吗？这种卡片由商店发行，每次购买新物品时，他们都会在上面打个洞或给你一张贴纸，在购买一定数量后，你会以某种方式获得奖励。提供这些卡片的商店为你提供了一种游戏化的体验。惊讶吗？游戏化就在我们身边！接下来我们深入研究一下。

一提到游戏化，你可能会想到徽章、排行榜或奖励系统，这些都是游戏化的简单形式。但今天，游戏化已远不止于此。2014年，周郁凯（Yu-

Kai Chou）提出了游戏化八角模型，认为可以从游戏世界中提取8种核心学习驱动力，并根据大脑的两个半球和它们执行的任务，以及积极或消极启示对这些驱动力分类。八角模型是指其框架轮廓为八角形。

如周郁凯的游戏化八角框架（见图13.1）所示，游戏中有某些策略可

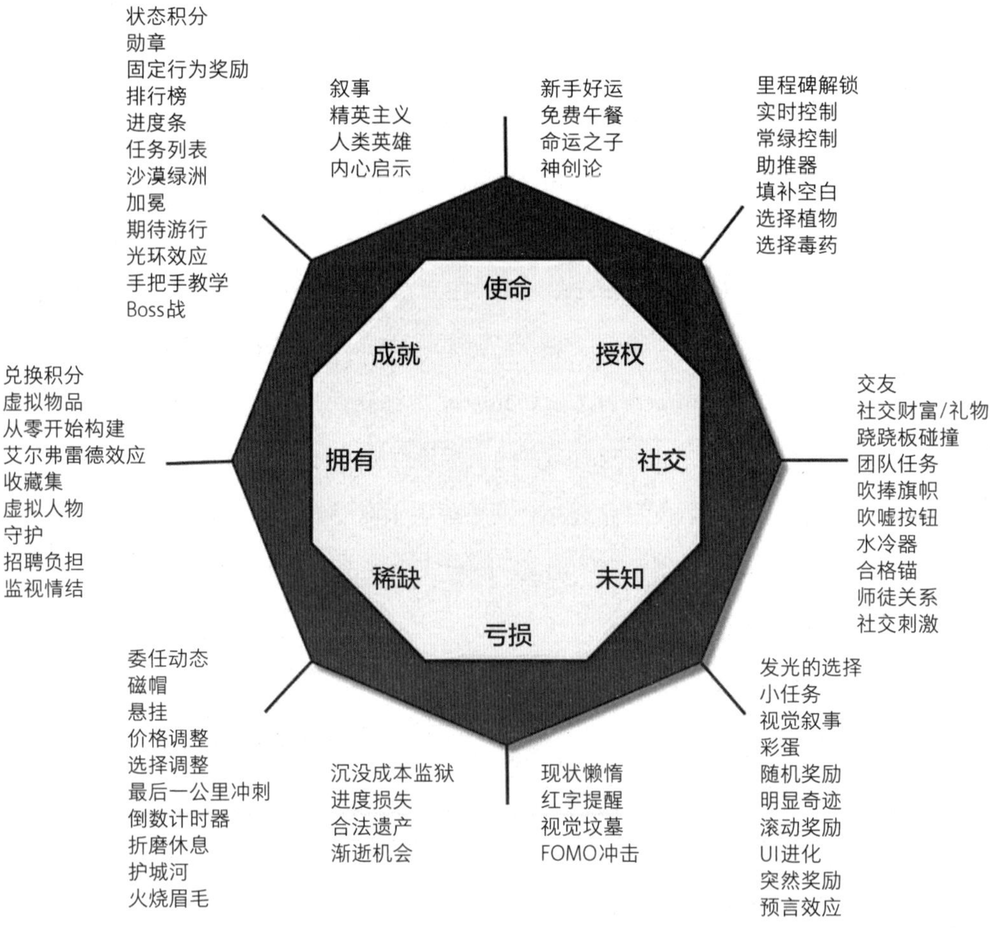

图13.1　游戏化八角分析框架

选自周郁凯《游戏化实战：人类行为学 × 游戏机制，打造产品吸引力》（*Actionable Gamification Beyond Points, Badges, and Leaderboards*）

以使游戏更加吸引人，并可以改善包括教育领域在内的许多领域的用户体验。周郁凯声称："我们所做的一切都是基于八角模型中的核心驱动力。"

让我们研究一下其核心驱动力：

- 核心驱动力1：史诗般的意义与使命感
- 核心驱动力2：进步与成就感
- 核心驱动力3：创意授权与反馈
- 核心驱动力4：所有权与拥有感
- 核心驱动力5：社交影响与关联性
- 核心驱动力6：稀缺性与耐心丧失
- 核心驱动力7：未知性与好奇心
- 核心驱动力8：亏损与逃避心

接下来让我们逐一介绍每个核心驱动力。

核心驱动力1：史诗般的意义与使命感。这种核心动力让人们相信他们在完成一项重要任务或使命。打个比方，《神话时代》（*Age of Mythology*）等游戏通过让玩家扮演高贵的英雄来激发这一核心驱动力。周郁凯以维基百科为例来介绍现实生活中的这一核心驱动力。为维基百科做出贡献的人不需要外部奖励；在他们看来，通过贡献，自己能够保护、传播知识；这项任务极有价值，其意义比自身意义更大。

核心驱动力2：进步与成就感。许多类型的游戏化都是基于这一核心驱动力开发的。游戏积分、徽章、排行榜能够满足玩家的成就感。从一个关卡升级到下一关卡，获得徽章，或每次游戏都能获得更高的分数等等，这些都是强大的动力。

核心驱动力3：创意授权与反馈。用周郁凯的话来说："当用户参与到一个创造性过程中，他们反复地想办法并尝试不同组合，实际上已经发挥了创造力和反馈的作用。”当人们有机会创造、收到反馈以改进工作时，他们就会投入其中。在课堂上，我们必须为学生提供创造的机会，这样一来，学生学习、合作的意愿就会大大增加。

核心驱动力4：所有权与拥有感。如果正在进行的项目属于自己，我们就会对工作投入更多热情。这种核心驱动力促使学习者努力改进他们所拥有的项目和流程。周郁凯认为："所有权和拥有感可以激励用户，因为他们会觉得自己拥有或控制着某样东西。"

核心驱动力5：社交影响与关联性。这个核心驱动力指的是驱动我们行动的社会力量。这些力量可能会提供正面动力，但我们也可能会被嫉妒和愤怒等消极情绪驱使。

核心驱动力6：稀缺性与耐心丧失。这种核心驱动力会让我们对自己缺乏的东西表现得非常渴望。周郁凯表示："稀缺性和耐心丧失是人们想要某样东西的核心驱动力；人们之所以想要，是因为它非常罕见、独一无二，或者无法立即获得。"很多游戏都会设计"任务机制"或"折磨休息"，即剥夺用户几小时的游戏体验，从而促使其一有机会就再次回到游戏中。

核心驱动力7：未知性与好奇心。不知道接下来会发生什么，但又想知道，这就是该核心驱动力的作用所在。周郁凯断言："当某些事情不符合你的常规认知时，你的大脑就会进入高速运转状态，把注意力集中在意想不到的事情上。"

核心驱动力8：亏损与逃避心。周郁凯认为，这种核心驱动力"是避开消极行为的动力，如错过购买某种产品、享受某种服务的唯一机会"。这种核心驱动力促使我们努力避免失去机会。当我们想要通过游戏化吸引用户时，通常会考虑这些核心驱动力。你能想到如何利用这些驱动力丰富课堂体验吗？在探索如何在课内翻转中使用它们之前，让我们看看另一个概念：游戏化学习。

游戏化学习

为了让学习变得“不可抗拒”，纽约游戏研究所（Institute of Play in New York City）开发了游戏式学习原则（Game-Like Learning Principles），使用7种不同的核心理念“将游戏设计原则和学习设计原则结合在一起”。基于“玩得更好、学得更好”这一理念，该机构创建了探索学校，使这些学校的教学方式与众不同。尽管纽约游戏研究所于2019年关闭了，但它的原则仍然有效，它的材料仍应用于联网学习实验室中。游戏化学习有以下7个核心理念：

- 每个人都是参与者。
- 失败是一种迭代。
- 学习就像游戏。
- 从实践中学习。
- 反馈是即时且持续的。
- 挑战不停息。
- 万物互联。

让我们进一步研究这些原则。

每个人都是参与者。在游戏中，所有的玩家都被包括在内，所以在课堂中也应该如此，没人被排除在外。这一原则需要包容并考虑差异化。为学习者设计游戏时，你需要考虑到每个人，并确保每个学生都能在其中发挥作用。

失败是一种迭代。学习应该经历一个测试、迭代的过程，而失败则是学习不同做事方法的机会。正如托马斯·阿尔瓦·爱迪生（Thomas Alva

Edison）所说："我没有失败，我只不过是找到了一万种行不通的方法。"正如卡罗尔·德韦克在《终身成长》（*Mindset*）一书中提到的那样，失败不是永久的，只是还没准备好培养学生的成长型思维。若能教会学生接受失败并从中汲取教训，那么每次失败都会让他们离成功更近一步。

学习就像游戏。游戏以用户为中心，极富吸引力，允许玩家进行决策和创造。学习也应如此。教师通过讲故事丰富学生的想象，促使他们进一步参与学习过程。所以，与其让学生们去解一道方程，还不如围绕它编个故事，让学生们扮演宇航员的角色，测量轨道之间的距离，并找到一个好的着陆点。我们可称之为任务，让学生们以一种有趣的方式完全沉浸其中。

从实践中学习。这一原则贯彻整本书及所有翻转学习模型。学习应该是主动的，学生应该是学习的中心。通过创建项目、解决问题、选择行事方法、获得材料，学生能够有所收获。

反馈是即时且持续的。在大多数游戏中，你总是知道自己在做什么。在游戏化课程（实际上是所有课程）中，你应该从一开始就讲明游戏规则（评估规则），让学生知道如何成功。

挑战不停息。达到适当的挑战水平并不容易，但这样做可以让学生持续参与其中，并有能力解决难题。游戏通过在每个步骤中提供适当的挑战水平来吸引用户。一旦克服更困难的障碍，用户就会升级。此外，挑战的难度不断增加，用户也越来越痴迷其中。在设计学习机会时，适当的难度也是关键。如果我们给学生布置的任务太简单，课程就会变得无聊；如果任务超出了他们的能力，课程就会变得太难。

万物互联。学生可以与其他学习社区分享他们所做的事情，并找到自己和他人之间的联系。网络游戏将世界各地的学习者聚集在同一屏幕上；

在线学习也可以起到同样的作用，让学生有机会与真实的人及其环境联系起来，实地测试他们所学的内容。例如，来自世界不同地区的两位语言教师（他们分别教授对方国家的语言）可通过网络会议将两个班聚在一起开展练习。

如何在课内翻转中使用游戏化和游戏式学习

尽管这两个概念并不相同，也不能互换使用，但我们可以设计同时包含这两个概念的学习体验，以提高学生的兴趣和积极性。游戏对学习者来说既诱人又有效。游戏化和游戏式学习帮助我们设计出学生真正喜欢的课程。利用以下方法，你可以将游戏化的核心驱动力和游戏式学习原则整合到你的课内翻转计划中。

游戏化反馈。设置反馈站并将其游戏化。让学生在离开教室前留下他们的反馈，用一些有趣的事情来“惩罚”那些不这样做的人，或者让他们下节课带些东西来分享。

为工作站设置练习游戏。使用纽约游戏研究所的设计包（可从其网站上下载）了解游戏组件，并了解如何创建或“修改”自己的游戏。你可以创造各式棋盘、纸牌游戏来增强学生的学习体验。

重新调整你的家庭游戏。为满足学生需求，我们重新设计了扭扭乐、优诺、叠叠乐、帕尔奇、扑克和其他家庭游戏（如图 13.2 和图 13.3 所示）。你只需要考虑最初始游戏的规则与学生的需求和愿望，再将两者结合成新版本的游戏。

视工作站轮换为一种探索。如果你正在计划一次工作站轮换，可以将其视为一次探索，其中每一步都是一个任务。雪莉·桑切斯·特雷尔讲述了使命感学习的力量。她说：“我们应该将学校的课程、活动与有意义的目标联系起来，而不仅仅是为了取得好成绩、通过考试。”创建任务就意味着融入了游戏化的“史诗意义”核心驱动力。学生们会产生一种使命感，这种使命感激发了他们的想象力，推动他们完成工作站任务。

图13.2　卡罗莱娜的学生们在玩“可持续发展绕口令”

在课程中添加游戏并不等于轻视它。游戏只是有助于在课上产生良好的体验，可以吸引学习者，让他们更专注于手头的课程。你愿意试试吗？

线上学习

用托尼·贝茨（Tony Bates）的话来说：“线上学习是部分或完全通过互联网进行的任何形式的学习。”在线上课程中，学生可以随时随地获取材料和内容，这确实让人感到兴奋。但正是因为信息唾手可得且学习者肩负起自行处理所有内容的责任，教学设计者也面临着严峻的挑战。

如何玩优诺牌			

	抽取动词卡片，用第三人称单数造句（以“s”结尾）		抽到4张卡片的人必须说出4个以“s”结尾的单词
	用一个句子描述你拥有的物品。 必须用复数形式。		回答问题（从问题卡片上找问题）
	抽到两张卡片的人必须说出两个以“s”结尾的单词	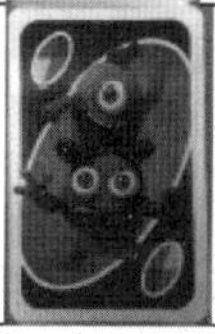	向组内某成员提问。你可自行选择。
1—3：说一个不规则单词的复数形式。（不规则单词表）			
4—6：用第三人称说出一个动词，以正确的“s”结尾			
7—9：说出正确的不规则单词复数（考考你的记忆力）			
⚠ **注意：**若发音错误，成员必须再抽一张卡片			

图13.3　优诺“s”结尾游戏

在线上课程中，应该是由教育学推动教学发展，技术不能也不该成为驱动因素。因此，教学设计者设计的程序就不应局限于在线存储库这一种功能。在网络环境中，学生独自在家，向教师请教问题的机会有限，清晰明了就显得格外重要。教师在设计课程时需要考虑到学生的需求和兴趣，在材料和资源的选择上也需要有目的性。此外，为学习者自己取得成功而搭建的活动框架也至关重要。

在为线上环境设计材料时，必须保证加里森等人提出的3种存在——教学存在、认知存在和社交存在。这些概念体现了学生在线上环境中的不同需求。教学设计者在规划有效教学时应将其包括在内。让我们研究一下这三种存在。

教学存在

教学存在即线上教师通过课程设计的决策、材料选择及线上评估、监控，为所有学习者创造有效学习体验的能力。无论每个学生的准备程度、兴趣或在线学习经验水平如何，他们都能获得成功。安德森（Anderson）和同事将教学存在定义为“通过对认知和社会过程的设计、促进和指导，实现对个人有意义、有教育价值的学习成果”。和线下一样，在为学习者设计最佳路径方面，教师至关重要。

认知存在

认知存在即学生在更深层次上对概念的认知参与。帕万（Pawan）等人在2003年的一项研究中发现，在线上环境中，学生更喜欢探索式学习，而教师需要以点评、提问和追问的形式直接干预，才能将学习推进到更深层次的批判性思维和认知处理阶段。简而言之，教师干预对于学生达到布鲁姆认知分类法中的高层次是必要的，而为了获得更丰富的学习体验，学生需要提高自己的认知能力。

社交存在

社交存在即创建社交场景，让学生可以与其他学习者分享学习、共同探索。正如心理学家维果斯基（Lev Vygotsky）所指出的，学习具有社会性，知识的构建只能在他人的帮助下进行。在线上学习中，关键是要有一个“空间”可以让学生不仅是作为学习者，也是作为人类分享、提问和成长。因此，分享个人信息、建立人际关系以及对时事发表看法也应成为线上课堂的一部分。

教师或教学设计者应从这3方面入手，以丰富学生的学习体验。如今大多数平台都提供技术工具来削弱线上课堂的个性化特点，这样教师就可以创造有意义的学习体验。但线上学习仍会让学习者感到孤独。所以，与教师面对面、与同龄人同步互动大有帮助。这时，赫莱茵·马歇尔（Helaine Marshall）创建的SOFLA®模型就派上了用场。

SOFLA®

SOFLA是“同步在线翻转学习法”（Synchronous Online Flipped Learning Approach）的缩写，“代表了翻转学习和同步在线学习这两种离散的课程交付模式的结合”。在这个模型中，同步会话里存在课内翻转的成分。

让我们为你介绍一下SOFLA课程。与常规翻转课堂一样，教师准备并分配内容，然后学生独立完成。但在线上课程中，学生须独立完成的工作量比线下课程要大。学生们按照布鲁姆认知分类法逐级递进，以提高认知水平为目标来完成任务。阅读课本材料、观看视频课程并做笔记、准备学习成果都是学生们为上课做的准备。然后，学生通过线上教学平台（现在市场上有很多）展开同步会话。同步会话结构与常规课程类似。

- 热身活动。
- 老师通知。
- 在自主查阅材料时回答问题。
- 在分组讨论室以课内翻转的形式开展练习活动。
- 下课后每个人都回到主教室进行汇报。

玛莎和科斯特卡（Kostka）对该模型做出修订，并给教师提出了建议。在SOFLA中，同步会话是一个单元的最重要部分，你应针对教学大纲中的每个单元重复该过程。

课内翻转如何丰富我的网络环境

如果你是一名线上教育工作者，想把课程变得更有趣，不妨听听我们的想法！以下观点涉及如何在线上环境构建工作站、使用课内翻转。

使用分组讨论室展开课内翻转，优化在线课堂。大多数在线教室工具（Blackboard collaborate、WIZiq、Adobe Connect等）都有一个“分组讨论室”功能，允许你在线上给学生分组。因此，如果学生能积极解决问题、展开合作，还有什么必要讲课呢？要使用分组讨论室创建课内翻转会话，你可以遵循以下流程：

- 创建不同的分组讨论室并为其命名（大多数平台允许你以不同的方式标记分组讨论室）。
- 创建路径或学习路线（考虑到教师需要手动将学生从一个分组讨论室转移到下一个分组讨论室，在线上环境中最好计划有序轮换）。

- 在白板上展示包含路径的幻灯片（即使身处分组讨论室，学生们也可以看到课堂白板）。
- 在每个分组讨论室给学生提供明确的指导。
- 设定计时器（在大多数平台上，可将屏幕时钟充当计时器）。这种计时器会在任务结束时响起铃声，这表示是时候前往下一工作站了。
- 仔细思考学生在活动中花费的时间（一定要有B计划，因为技术问题可能会在课上带来一些麻烦）。
- 思考学生在每个工作站应完成的任务。最好能利用共享产品（如wiki、协作文档、Padlet等），这样每个学生都可以看到其他人做了什么、设计了什么。
- 在课内翻转活动结束时，将所有学生带回主教室，一起分析协作成果。
- 用一个全班都能参与的活动结束课程，看看学生是否理解共享信息。

利用课内翻转实现在线课堂人性化。参与在线课程（至少是卡罗莱娜的项目）的学生对他们在线上环境中感受到的孤独做出了评价。尽管有机会在论坛上参与讨论，他们仍然怀念电脑另一端的真实人类。学生们很喜欢添加同步组件，并在课内翻转中使用，因为这与线下课程非常相似。学生们可以互相交流，可以看到教师。此外，他们必须花一定的时间在电脑前与整个小组见面，这增加了上课的真实感。

使用课内翻转和教师支持站。学生们可以在不同的工作站之间轮换，但他们也需要知道，教师会在教师支持站等着他们，以防出现问题。尽管在常规的线上分组交流室活动中，教师也会加入小组来提供帮助，但有了教师支持站，学生就能更自由地交谈，只在需要时找到教师帮忙。

正如我们在书中所说，课内翻转适合每个人——无论是面对面教学、混合式教学，还是线上教学。不要害怕尝试这些技巧，请继续为学生创造精彩的学习体验。

正如我们在上述例子中所展示的，课内翻转不是一种单一的方法，而是多种课堂配置，允许翻转教学与其他教学策略同时发生。

思考

你可以将本章的哪些策略融入你的课堂？你准备好了吗？

“常青藤”书系—中青文教师用书总目录

书名	书号	定价
特别推荐——从优秀到卓越系列		
从优秀教师到卓越教师：极具影响力的日常教学策略	9787515312378	33.80
从优秀教学到卓越教学：让学生专注学习的最实用教学指南	9787515324227	39.90
从优秀学校到卓越学校：他们的校长在哪些方面做得更好	9787515325637	59.90
卓越课堂管理（中国教育新闻网2015年度“影响教师的100本书”）	9787515331362	88.00
名师新经典/教育名著		
最难的问题不在考试中：先别教答案，带学生自己找到想问的事	9787515365930	48.00
在芬兰中小学课堂观摩研修的365日	9787515363608	49.00
马文·柯林斯的教育之道：通往卓越教育的路径（《中国教育报》2019年度“教师喜爱的100本书”，中国教育新闻网“影响教师的100本书”。朱永新作序，李希贵力荐）	9787515355122	49.80
如何当好一名学校中层：快速提升中层能力、成就优秀学校的31个高效策略	9787515346519	49.00
像冠军一样教学：引领学生走向卓越的62个教学诀窍	9787515343488	49.00
像冠军一样教学 2：引领教师掌握62个教学诀窍的实操手册与教学资源	9787515352022	68.00
如何成为高效能教师	9787515301747	89.00
给教师的101条建议（第三版）（《中国教育报》“最佳图书”奖）	9787515342665	49.00
改善学生课堂表现的50个方法（入选《中国教育报》“影响教师的100本书”）	9787500693536	33.00
改善学生课堂表现的50个方法操作指南：小技巧获得大改变	9787515334783	39.00
美国中小学世界历史读本 / 世界地理读本 / 艺术史读本	9787515317397等	106.00
美国语文读本1-6	9787515314624等	252.70
和优秀教师一起读苏霍姆林斯基	9787500698401	27.00
快速破解60个日常教学难题	9787515339320	39.90
美国最好的中学是怎样的——让孩子成为学习高手的乐园	9787515344713	28.00
建立以学习共同体为导向的师生关系：让教育的复杂问题变得简单	9787515353449	33.80
教师成长/专业素养		
如何更积极地教学	9787515369594	49.00
教师的专业成长与评价性思考：专业主义如何影响和改变教育	9787515369143	49.90
精益教育与可见的学习：如何用更精简的教学实现更好的学习成果	9787515368672	59.00
教学这件事：感动几代人的教师专业成长指南	9787515367910	49.00
如何更快地变得更好：新教师90天培训计划	9787515365824	59.90
让每个孩子都发光：赋能学生成长、促进教师发展的KIPP学校教育模式	9787515366852	59.00
60秒教师专业发展指南：给教师的239个持续成长建议	9787515366739	59.90
通过积极的师生关系提升学生成绩：给教师的行动清单	9787515356877	49.00
卓越教师工具包：帮你顺利度过从教的前5年	9787515361345	49.00
可见的学习与深度学习：最大化学生的技能、意志力和兴奋感	9787515361116	45.00
学生教给我的17件重要的事：带给你爱、勇气、坚持与创意的人生课堂	9787515361208	39.80
教师如何持续学习与精进	9787515361109	39.00
从实习教师到优秀教师	9787515358673	39.90
像领袖一样教学：改变学生命运，使学生变得更好（中国教育新闻网2015年度“影响教师的100本书”）	9787515355375	49.00
你的第一年：新教师如何生存和发展	9787515351599	33.80
教师精力管理：让教师高效教学，学生自主学习	9787515349169	39.90
如何使学生成为优秀的思考者和学习者：哈佛大学教育学院课堂思考解决方案	9787515348155	49.90
反思性教学：一个已被证明能让教师做到更好的培训项目（30周年纪念版）	9787515347837	59.90
凭什么让学生服你：极具影响力的日常教育策略（中国教育新闻网2017年度“影响教师的100本书”）	9787515347554	39.90
运用积极心理学提高学生成绩（中国教育新闻网2017年度“影响教师的100本书”）	9787515345680	59.90
可见的学习与思维教学：成长型思维教学的54个教学资源：教学资源版	9787515354743	36.00

	书名	书号	定价
★	可见的学习与思维教学：让教学对学生可见，让学习对教师可见（中国教育报2017年度“教师最喜爱的100本书”）	9787515345000	39.90
	教学是一段旅程：成长为卓越教师你一定要知道的事	9787515344478	39.00
	安奈特·布鲁肖写给教师的101首诗	9787515340982	35.00
	万人迷老师养成宝典学习指南	9787515340784	28.00
	中小学教师职业道德培训手册：师德的定义、养成与评估	9787515340777	32.00
	成为顶尖教师的10项修炼（中国教育新闻网2015年度“影响教师的100本书”）	9787515334066	49.90
★	T. E. T. 教师效能训练：一个已被证明能让所有年龄学生做到最好的培训项目（30周年纪念版）（中国教育新闻网2015年度“影响教师的100本书”）	9787515332284	49.00
	教学需要打破常规：全世界最受欢迎的创意教学法（中国教育新闻网2015年度“影响教师的100本书”）	9787515331591	45.00
	给幼儿教师的100个创意：幼儿园班级设计与管理	9787515330310	39.90
	给小学教师的100个创意：发展思维能力	9787515327402	29.00
	给中学教师的100个创意：如何激发学生的天赋和特长 / 杰出的教学 / 快速改善学生课堂表现	9787515330723等	87.90
	以学生为中心的翻转教学11法	9787515328386	29.00
	如何使教师保持职业激情	9787515305868	29.00
★	如何培训高效能教师：来自全美权威教师培训项目的建议	9787515324685	39.90
	良好教学效果的12试金石：每天都需要专注的事情清单	9787515326283	29.90
★	让每个学生主动参与学习的37个技巧	9787515320526	45.00
	给教师的40堂培训课：教师学习与发展的最佳实操手册	9787515352787	39.90
	提高学生学习效率的9种教学方法	9787515310954	27.80
★	优秀教师的课堂艺术：唤醒快乐积极的教学技能手册	9787515342719	26.00
★	万人迷老师养成宝典（第2版）（入选《中国教育报》“2010年影响教师的100本书”）	9787515342702	39.00
	高效能教师的9个习惯	9787500699316	26.00
	课堂教学/课堂管理		
	好的教学是设计出来的：一套详细、先进、实用的卓越课堂设计和实施方案	9787515370705	49.00
	翻转课堂与差异化教学：以学生为中心的课内翻转教学法	9787515370590	49.00
	精益备课法：在课堂上少做多得的实用方法	9787515370088	49.00
	记忆教学法：利用记忆在课堂上建立深入和持久的学习	9787515370095	49.00
	动机教学法：利用学习动机科学来提高课堂上的注意力和努力	9787515370101	49.00
★	课堂上的提问逻辑：更深度、更系统地促进学生的学习与思考	9787515369983	49.90
	可见的教学影响力：系统地执行可见的学习5D深度教学	9787515369624	59.00
	极简课堂管理法：给教师的18个精进课堂管理的建议	9787515369600	49.00
★	像行为管理大师一样管理你的课堂：给教师的课堂行为管理解决方案	9787515368108	59.00
	差异化教学与个性化教学：未来多元课堂的智慧教学解决方案	9787515367095	49.90
	如何设计线上教学细节：快速提升线上课程在线率和课堂学习参与度	9787515365886	49.00
	设计型学习法：教学与学习的重新构想	9787515366982	59.00
	让学习真正在课堂上发生：基于学习状态、高度参与、课堂生态的深度教学	9787515366975	49.00
	让教师变得更好的75个方法：用更少的压力获得更快的成功	9787515365831	49.00
	技术如何改变教学：使用课堂技术创造令人兴奋的学习体验，并让学生对学习记忆深刻	9787515366661	49.00
	课堂上的问题形成技术：老师怎样做，学生才会提出好的问题	9787515366401	45.00
	翻转课堂与项目式学习	9787515365817	45.00
★	优秀教师一定要知道的19件事：回答教师核心素养问题，解读为什么要向优秀者看齐	9787515366630	39.00
	从作业设计开始的30个创意教学法：运用互动反馈循环实现深度学习	9787515366364	59.00
	基于课堂中精准理解的教学设计	9787515365909	49.00
	如何创建培养自主学习者的课堂管理系统	9787515365879	49.00
	如何设计深度学习的课堂：引导学生学习的176个教学工具	9787515366715	49.90
	如何提高课堂创意与参与度：每个教师都可以使用的178个教学工具	9787515365763	49.90

书名	书号	定价
如何激活学生思维：激励学生学习与思考的187个教学工具	9787515365770	49.90
男孩不难教：男孩学业、态度、行为问题的新解决方案	9787515364827	49.00
高度参与的线上线下融合式教学设计：极具影响力的备课、上课、练习、评价项目教学法	9787515364438	49.00
跨学科项目式教学：通过“+1”教学法进行计划、管理和评估	9787515361086	49.00
课堂上最重要的56件事	9787515360775	35.00
全脑教学与游戏教学法	9787515360690	39.00
深度教学：运用苏格拉底式提问法有效开展备课设计和课堂教学	9787515360591	49.90
一看就会的课堂设计：三个步骤快速构建完整的课堂管理体系	9787515360584	39.90
如何有效激发学生学习兴趣	9787515360577	38.00
如何解决课堂上最关键的9个问题	9787515360195	49.00
多元智能教学法：挖掘每一个学生的最大潜能	9787515359885	39.90
探究式教学：让学生学会思考的四个步骤	9787515359496	39.00
课堂提问的技术与艺术	9787515358925	49.00
如何在课堂上实现卓越的教与学	9787515358321	49.00
基于学习风格的差异化教学	9787515358437	39.90
如何在课堂上提问：好问题胜过好答案	9787515358253	39.00
高度参与的课堂：提高学生专注力的沉浸式教学	9787515357522	39.90
让学习变得有趣	9787515357782	39.00
如何利用学校网络进行项目式学习和个性化学习	9787515357591	39.90
基于问题导向的互动式、启发式与探究式课堂教学法	9787515356792	49.00
如何在课堂中使用讨论：引导学生讨论式学习的60种课堂活动	9787515357027	38.00
如何在课堂中使用差异化教学	9787515357010	39.90
如何在课堂中培养成长型思维	9787515356754	39.90
每一位教师都是领导者：重新定义教学领导力	9787515356518	39.90
教室里的1-2-3魔法教学：美国广泛使用的从学前到八年级的有效课堂纪律管理	9787515355986	39.90
如何在课堂中使用布卢姆教育目标分类法	9787515355658	39.00
如何在课堂上使用学习评估	9787515355597	39.00
7天建立行之有效的课堂管理系统：以学生为中心的分层式正面管教	9787515355269	29.90
积极课堂：如何更好地解决课堂纪律与学生的冲突	9787515354590	38.00
设计智慧课堂：培养学生一生受用的学习习惯与思维方式	9787515352770	39.00
追求学习结果的88个经典教学设计：轻松打造学生积极参与的互动课堂	9787515353524	39.00
从备课开始的100个课堂活动设计：创造积极课堂环境和学习乐趣的教师工具包	9787515353432	33.80
老师怎么教，学生才能记得住	9787515353067	48.00
多维互动式课堂管理：50个行之有效的方法助你事半功倍	9787515353395	39.80
智能课堂设计清单：帮助教师建立一套规范程序和做事方法	9787515352985	49.90
提升学生小组合作学习的56个策略：让学生变得专注、自信、会学习	9787515352954	29.90
快速处理学生行为问题的52个方法：让学生变得自律、专注、爱学习	9787515352428	39.00
王牌教学法：罗恩·克拉克学校的创意课堂	9787515352145	39.80
让学生快速融入课堂的88个趣味游戏：让上课变得新颖、紧凑、有成效	9787515351889	39.00
如何调动与激励学生：唤醒每个内在学习者（李希贵校长推荐全校教师研读）	9787515350448	39.80
合作学习技能35课：培养学生的协作能力和未来竞争力	9787515340524	59.00
基于课程标准的STEM教学设计：有趣有料有效的STEM跨学科培养教学方案	9787515349879	68.00
如何设计教学细节：好课堂是设计出来的	9787515349152	39.00
15秒课堂管理法：让上课变得有料、有趣、有秩序	9787515348490	49.00
混合式教学：技术工具辅助教学实操手册	9787515347073	39.80
从备课开始的50个创意教学法	9787515346618	39.00
中学生实现成绩突破的40个引导方法	9787515345192	33.00
给小学教师的100个简单的科学实验创意	9787515342481	39.00

	书名	书号	定价
	老师如何提问，学生才会思考	9787515341217	49.00
	教师如何提高学生小组合作学习效率	9787515340340	39.00
	卓越教师的200条教学策略	9787515340401	49.90
	中小学生执行力训练手册：教出高效、专注、有自信的学生	9787515335384	49.90
	从课堂开始的创客教育：培养每一位学生的创造能力	9787515342047	33.00
	提高学生学习专注力的8个方法：打造深度学习课堂	9787515333557	35.00
	改善学生学习态度的58个建议	9787515324067	36.00
★	全脑教学（中国教育新闻网2015年度“影响教师的100本书”）	9787515323169	38.00
★	全脑教学与成长型思维教学：提高学生学习力的92个课堂游戏	9787515349466	39.00
★	哈佛大学教育学院思维训练课：让学生学会思考的20个方法	9787515325101	59.90
	完美结束一堂课的35个好创意	9787515325163	28.00
	如何更好地教学：优秀教师一定要知道的事	9787515324609	49.90
	带着目的教与学	9787515323978	39.90
★	美国中小学生社会技能课程与活动（学前阶段/1-3年级/4-6年级/7-12年级）	9787515322537等	215.70
	彻底走出教学误区：开启轻松智能课堂管理的45个方法	9787515322285	28.00
	破解问题学生的行为密码：如何教好焦虑、逆反、孤僻、暴躁、早熟的学生	9787515322292	36.00
	13个教学难题解决手册	9787515320502	28.00
★	让学生爱上学习的165个课堂游戏	9787515319032	59.00
	美国学生游戏与素质训练手册：培养孩子合作、自尊、沟通、情商的103种教育游戏	9787515325156	49.00
	老师怎么说，学生才会听	9787515312057	39.00
	快乐教学：如何让学生积极与你互动（入选《中国教育报》“影响教师的100本书”）	9787500696087	29.00
★	老师怎么教，学生才会提问	9787515317410	29.00
★	快速改善课堂纪律的75个方法	9787515313665	39.90
★	教学可以很简单：高效能教师轻松教学7法	9787515314457	39.00
★	好老师可以避免的20个课堂错误（入选《中国教育报》“影响教师的100本图书”）	9787500688785	39.90
★	好老师应对课堂挑战的25个方法（《给教师的101条建议》作者新书）	9787500699378	25.00
★	好老师激励后进生的21个课堂技巧	9787515311838	39.80
★	开始和结束一堂课的50个好创意	9787515312071	29.80
	好老师因材施教的12个方法（美国著名教师伊莉莎白“好老师”三部曲）	9787500694847	22.00
★	如何打造高效能课堂	9787500680666	29.00
	合理有据的教师评价：课堂评估衡量学生进步	9787515330815	29.00
	班主任工作/德育		
★	北京四中8班的教育奇迹	9787515321608	36.00
★	师德教育培训手册	9787515326627	29.80
	中小学教师职业道德培训手册：师德的定义、养成与评估	9787515340777	32.00
★	好老师征服后进生的14堂课（美国著名教师伊莉莎白“好老师”三部曲）	9787500693819	39.90
	优秀班主任的50条建议：师德教育感动读本（《中国教育报》专题推荐）	9787515305752	23.00
	学校管理/校长领导力		
★	哈佛大学教育学院学校创新管理课	9787515369389	59.90
	如何构建积极型学校	9787515368818	49.90
	卓越课堂的50个关键问题	9787515366678	39.00
	如何培育卓越教师：给学校管理者的行动清单	9787515357034	39.00
★	学校管理最重要的48件事	9787515361055	39.80
	重新设计学习和教学空间：设计利于活动、游戏、学习、创造的学习环境	9787515360447	49.90
	重新设计一所好学校：简单、合理、多样化地解构和重塑现有学习空间和学校环境	9787515356129	49.00
	让樱花绽放英华	9787515355603	79.00
	学校管理者平衡时间和精力的21个方法	9787515349886	29.90
	校长引导中层和教师思考的50个问题	9787515349176	29.00

书名	书号	定价
如何定义、评估和改变学校文化	9787515340371	29.80
优秀校长一定要做的18件事（入选《中国教育报》“2009年影响教师的100本书”）	9787515342733	39.90
学科教学/教科研		
精读三国演义20讲：读写与思辨能力提升之道	9787515369785	59.90
中学古文观止50讲：文言文阅读能力提升之道	9787515366555	59.90
完美英语备课法：用更短时间和更少材料让学生高度参与的100个课堂游戏	9787515366524	49.00
人大附中整本书阅读取胜之道：让阅读与作文双赢	9787515364636	59.90
北京四中语文课：千古文章	9787515360973	59.00
北京四中语文课：亲近经典	9787515360980	59.00
从备课开始的56个英语创意教学：快速从小白老师到名师高手	9787515359878	49.90
美国学生写作技能训练	9787515355979	39.90
《道德经》妙解、导读与分享（诵读版）	9787515351407	49.00
京沪穗江浙名校名师联手教你：如何写好中考作文	9787515356570	49.90
京沪穗江浙名校名师联手授课：如何写好高考作文	9787515356686	49.80
人大附中中考作文取胜之道	9787515345567	59.90
人大附中高考作文取胜之道	9787515320694	49.90
人大附中学生这样学语文：走近经典名著	9787515328959	49.90
四界语文（入选《中国教育报》2017年度“教师喜爱的100本书”）	9787515348483	49.00
让小学一年级孩子爱上阅读的40个方法	9787515307589	39.90
让学生爱上数学的48个游戏	9787515326207	26.00
轻松100课教会孩子阅读英文	9787515338781	88.00
情商教育/心理咨询		
给大人的关于儿童青少年情绪与行为问题的应对指南	9787515366418	89.90
教师焦点解决方案：运用焦点解决方案管理学生情绪与行为	9787515369471	49.90
9节课，教你读懂孩子：妙解亲子教育、青春期教育、隔代教育难题	9787515351056	39.80
学生版盖洛普优势识别器（独一无二的优势测量工具）	9787515350387	169.00
与孩子好好说话（获“美国国家育儿出版物（NAPPA）金奖”）	9787515350370	39.80
中小学心理教师的10项修炼	9787515309347	36.00
别和青春期的孩子较劲（增订版）（入选《中国教育报》“2009年影响教师的100本书”）	9787515343075	39.90
100条让孩子胜出的社交规则	9787515327648	28.00
守护孩子安全一定要知道的17个方法	9787515326405	32.00
幼儿园/学前教育		
幼儿园室内区域活动书：107个有趣的学习游戏活动	9787515369778	59.90
幼儿园户外区域活动书：106个有趣的学习游戏活动	9787515369761	59.90
中挪学前教育合作式学习：经验·对话·反思	9787515364858	79.00
幼小衔接听读能力课	9787515364643	33.00
用蒙台梭利教育法开启0～6岁男孩潜能	9787515361222	45.00
德国幼儿的自我表达课：不是孩子爱闹情绪，是她/他想说却不会说！	9787515359458	59.00
德国幼儿教育成功的秘密：近距离体验德国学前教育理念与幼儿园日常活动安排	9787515359465	49.80
美国儿童自然拼读启蒙课：至关重要的早期阅读训练系统	9787515351933	49.80
幼儿园30个大主题活动精选：让工作更轻松的整合技巧	9787515339627	39.80
美国幼儿教育活动大百科：3-6岁儿童学习与发展指南用书 科学／艺术／健康与语言／社会	9787515324265等	600.00
蒙台梭利早期教育法：3-6岁儿童发展指南（理论版）	9787515322544	29.80
蒙台梭利儿童教育手册：3-6岁儿童发展指南（实践版）	9787515307664	33.00
自由地学习：华德福的幼儿园教育	9787515328300	49.90
教育主张/教育视野		
重新定义教育：为核心素养而教，为生存能力而学	9787515369945	59.90

书名	书号	定价
重新定义学习：如何设计未来学校与引领未来学习	9787515367484	49.90
教育新思维：帮助孩子达成目标的实战教学法	9787515365848	49.00
学习是如何发生的：教育心理学中的开创性研究及其实践意义	9787515366531	59.90
父母不应该错过的犹太人育儿法	9787515365688	59.00
如何在线教学：教师在智能教育新形态下的生存与发展	9787515365855	49.00
正向养育：黑幼龙的慢养哲学	9787515365671	39.90
颠覆教育的人：蒙台梭利传	9787515365572	59.90
如何科学地帮助孩子学习：每个父母都应知道的77项教育知识	9787515368092	59.00
学习的科学：每位教师都应知道的99项教育研究成果（升级版）	9787515368078	59.90
学习的科学：每位教师都应知道的77项教育研究成果	9787515364094	59.00
真实性学习：如何设计体验式、情境式、主动式的学习课堂	9787515363769	49.00
哈佛前1%的秘密（俞敏洪、成甲、姚梅林、张梅玲推荐）	9787515363349	59.90
基于七个习惯的自我领导力教育设计：让学校育人更有道，让学生自育更有根	9787515362809	69.00
终身学习：让学生在未来拥有不可替代的决胜力	9787515360560	49.90
颠覆性思维：为什么我们的阅读方式很重要	9787515360393	39.90
如何教学生阅读与思考：每位教师都需要的阅读训练手册	9787515359472	39.00
成长型教师：如何持续提升教师成长力、影响力与教育力	9787515368689	48.00
教出阅读力	9787515352800	39.90
为学生赋能：当学生自己掌控学习时，会发生什么	9787515352848	33.00
如何用设计思维创意教学：风靡全球的创造力培养方法	9787515352367	39.80
如何发现孩子：实践蒙台梭利解放天性的趣味游戏	9787515325750	32.00
如何学习：用更短的时间达到更佳效果和更好成绩	9787515349084	49.00
教师和家长共同培养卓越学生的10个策略	9787515331355	27.00
★ 如何阅读：一个已被证实的低投入高回报的学习方法	9787515346847	39.00
★ 芬兰教育全球第一的秘密（钻石版）（《中国教育报》等主流媒体专题推荐）	9787515359922	59.00
培养终身学习能力和习惯的芬兰教育：成就每一个学生，拥有适应未来的核心素养和必备技能	9787515370415	59.00
★ 杰出青少年的7个习惯（精英版）	9787515342672	39.00
杰出青少年的7个习惯（成长版）	9787515335155	29.00
★ 杰出青少年的6个决定（领袖版）（全国优秀出版物奖）	9787515342658	49.90
★ 7个习惯教出优秀学生（第2版）（全球畅销书《高效能人士的七个习惯》教师版）	9787515342573	39.90
学习的科学：如何学习得更好更快（入选中国教育网2016年度“影响教师的100本书”）	9787515341767	39.80
杰出青少年构建内心世界的5个坐标（中国青少年成长公开课）	9787515314952	59.00
★ 跳出教育的盒子（第2版）（美国中小学教学经典畅销书）	9787515344676	35.00
夏烈教授给高中生的19场讲座	9787515318813	29.90
★ 学习之道：美国公认经典学习书	9787515342641	39.00
★ 翻转学习：如何更好地实践翻转课堂与慕课教学（中国教育新闻网2015年度“影响教师的100本书”）	9787515334837	32.00
★ 翻转课堂与慕课教学：一场正在到来的教育变革	9787515328232	26.00
翻转课堂与混合式教学：互联网+时代，教育变革的最佳解决方案	9787515349022	29.80
翻转课堂与深度学习：人工智能时代，以学生为中心的智慧教学	9787515351582	29.80
★ 奇迹学校：震撼美国教育界的教学传奇（中国教育新闻网2015年度“影响教师的100本书”）	9787515327044	36.00
★ 学校是一段旅程：华德福教师1–8年级教学手记	9787515327945	49.00
★ 高效能人士的七个习惯（30周年纪念版）（全球畅销书）	9787515360430	79.00

您可以通过如下途径购买：

1. 书　　店：各地新华书店、教育书店。
2. 网上书店：当当网（www.dangdang.com）、天猫（zqwts.tmall.com）、京东网（www.jd.com）。
3. 团　　购：各地教育部门、学校、教师培训机构、图书馆团购，可享受特别优惠。

   购书热线：010–65511272 / 65516873

如何成为高效能教师

作者 :（ 美 ）黄绍裘　黄露丝玛丽

定价 ：89.00元

- 美国教师培训经典
- 一套完整的高效能教师培训系统和教师核心素养提升解决方案
- 全球销量超400万册
- 超值赠送60分钟美国专业、受欢迎的网络教学视频
- 200页网络版主题教学拓展资源

★ ★ ★

卓越课堂管理

作者 :（ 美 ）黄绍裘　黄露丝玛丽

定价 ：88.00元

- 获中国教育新闻网2015年度“影响教师的100本书”奖
- 获2016年第25届上海市中小学、幼儿园“优秀图书”奖
- 一套高效管理课堂的完整体系，为广大教师提供50种有效的课堂管理方案
- 并示范高效能教师的6套开学管理计划，让学生通过严格执行50种教育程序获得成功。